T0277810

¡Viva México!

Un viaje a través de los paisajes,
la gastronomía y la cultura

DK GUÍAS VISUALES

¡Viva México!

Un viaje a través de los paisajes, la gastronomía y la cultura

CONTENIDO

¡Bienvenido a México!

Aunque uno se pasara la vida viajando por México, apenas descubriría una parte de lo que esconde. Se trata del mayor país de habla hispana de todo el mundo. Tiene una historia milenaria que se remonta a los grandes imperios mesoamericanos y forma un puente entre Estados Unidos y América Central, con paisajes que abarcan picos nevados, desiertos dorados y selvas tropicales. Además, en cada estado existe una gran variedad de lenguas, cocinas y climas.

Sin embargo, las complejidades del país han hecho que desde fuera se suela tener una imagen distorsionada de él. Las historias de conflictos y corrupción hacen que la cara más oscura de México ensombrezca su lado brillante. Por otra parte, algunos iconos mexicanos muy populares –como los tacos, el tequila y sus sombreros típicos– se han usado para mercantilizar su rica cultura. Por sus dimensiones y diversidad, México desafía cualquier estereotipo.

¡Viva México! celebra la gran riqueza del país acercando sus magníficos paisajes, sus platos tradicionales y sus grandes hitos culturales. A lo largo de los capítulos temáticos se muestra cómo la historia ha conformado el presente del país: de las comunidades indígenas que celebran sus vínculos con la tierra a las grandes fiestas católicas que se desarrollan en magníficas iglesias. También se descubre cómo varían las tradiciones del Día de Muertos de una región a otra, cómo han cambiado los ingredientes y platos de la cocina mexicana a medida que se han propagado por el mundo o cómo los cineastas mexicanos siguen teniendo una gran influencia en el cine internacional.

Este libro muestra la riqueza y diversidad de un país maravilloso. Como gritan los orgullosos mexicanos durante la celebración anual del Día de la Independencia: «¡Viva México!».

Arriba Un granjero recorre a caballo unos campos de agave en Jalisco

Derecha Las calles llenas de gente de la ciudad de Guanajuato durante las celebraciones del Día de la Independencia

INTRODUCCIÓN a MÉXICO

Para llegar a conocer México, primero hay que ser consciente de
sus dimensiones y de su diversidad. Este extenso país, uno de los
más grandes del continente americano, tiene una geografía variada
que abarca desde playas de arena blanca en la costa hasta volcanes
humeantes en el interior. Estos paisajes han presenciado el auge
y la caída de los imperios mesoamericanos, la llegada de los
españoles y el surgimiento de la nación actual, forjada a partir
de la rebelión y la revolución. Una gran parte del país sigue siendo
agrícola y acoge a comunidades rurales que viven de la generosidad
de la tierra. Sin embargo, México está cada vez más urbanizado
y por todo el territorio crecen ciudades dinámicas. Esta maravillosa
diversidad ha ayudado a construir la nación y ha convertido
a México en lo que es actualmente.

EN EL MAPA

ESTADOS DE MÉXICO

México, cuyo nombre oficial es Estados Unidos Mexicanos, se encuentra en la parte sur de América del Norte y tiene casi 130 millones de habitantes. Más de la mitad de la población vive cerca de la capital, Ciudad de México, mientras que el norte y el sur están escasamente habitados. Con una superficie de 1 900 000 km², es el quinto país más grande del continente americano por superficie y el decimocuarto del mundo. México está formado por 32 estados, que se reparten por cuatro zonas horarias. Estos son los puntos más destacados.

Chihuahua, en el norte de México, es el estado más grande del país y tiene una población de casi 3,8 millones de habitantes. Ocupa una planicie cuya altura se reduce cerca del Río Grande o Bravo. El estado es conocido por su actividad ganadera y el legado del pueblo rarámuri.

Jalisco, en el oeste de México, tiene casi 9 millones de habitantes. El estado destaca por ser la cuna del mariachi *(p. 125)* y del tequila *(p. 108)*, pero su rico patrimonio cultural incluye otras tradiciones inequívocamente mexicanas como los bailes *El son de la negra* y *El jarabe tapatío*.

Baja California, en el norte de México, ocupa la parte norte de una estrecha península situada en un extremo del desierto de Sonora. Su capital, Mexicali, se encuentra junto a la frontera con Estados Unidos, frente a la ciudad de Calexico, en California. La región, con un próspero sector agrícola y pesquero, tiene unos 3,8 millones de habitantes.

Nuevo León es uno de los estados más ricos de México debido a su desarrollo industrial. Su capital, Monterrey, acoge industrias siderúrgicas y un enorme sector textil. El clima árido y los paisajes desérticos del norte del estado contrastan fuertemente con las montañas y los valles subtropicales del sur.

El estado de **Campeche,** en la península de Yucatán, se encuentra en un extremo del golfo de México. Junto con los otros estados de la península –Yucatán y Quintana Roo– posee un rico patrimonio maya. Campeche cuenta con varios yacimientos arqueológicos, como Calakmul, que se encuentra en la Reserva de la Biosfera del mismo nombre.

El estado de México (a veces llamado Edomex para distinguirlo del nombre del propio país) es el más densamente poblado. Su territorio fue históricamente el centro del extenso Imperio azteca y en la actualidad rodea a Ciudad de México, la capital.

Los estados del sur de México suelen ser más pobres que los del rico norte y **Oaxaca** es uno de los más pobres y diversos étnicamente de todo el país. Alrededor de dos quintas partes de sus 4 millones de habitantes hablan lenguas indígenas *(p. 55)*. La agricultura y la minería son sus dos sectores económicos más importantes.

paisajes

México, más que un país, parece un pequeño continente, con su variado y magnífico paisaje, que abarca selvas tropicales, lagunas de manglares, desiertos, arrecifes costeros y picos nevados.

Las extensas y espectaculares tierras mexicanas acogen una increíble variedad de paisajes y climas. Situado entre Estados Unidos y América Central, con el trópico de Cáncer atravesando el estado de Baja California, México tiene un clima seco y árido en el norte y tropical en el sur.

DESIERTO Y MATORRALES

Más de la mitad del territorio mexicano es árido, con extensos matorrales que ocupan una superficie enorme, sobre todo en el norte. El desierto de Sonora, que es la zona más calurosa del país, se extiende por la mayor parte de la península de Baja California y del estado de Sonora, al este del golfo de California. En el desierto de Chihuahua, que se encuentra más al este, las lluvias son más abundantes y alimentan grandes pastizales ondulantes y coloridos cactus endémicos, que crean una imagen de postal del desierto mexicano, con enormes montañas recortándose a lo lejos.

MONTAÑAS Y ALTIPLANOS

Una serie de escarpadas cordilleras se extienden por todo México, y aproximadamente la mitad del país se encuentra a una altura mínima de 1000 m sobre el nivel del mar. En el centro, el Altiplano Central Mexicano está rodeado de dos cadenas montañosas: la Sierra Madre Occidental, al oeste, y la Sierra Madre Oriental, al este. Dentro de la Sierra Madre Occidental, la sierra del Tigre es famosa por sus «islas del cielo», unas montañas cuyos hábitats cambian radicalmente entre las zonas altas y las bajas.

Izquierda El desierto de Chihuahua, en el norte de México, alberga 2000 especies de plantas

Derecha El cañón del Cobre, en la Sierra Madre Occidental

Los ricos suelos aluviales y volcánicos con precipitaciones regulares hacen que la meseta, entre esas dos cordilleras, sea como la gran *tortillería* del país, ya que aquí se produce el 60 % del maíz mexicano y gran parte de sus aguacates.

Las tierras altas y las gargantas de las montañas Filo Mayor, en el estado sureño de Guerrero, están salpicadas de flores rojas y violetas de adormidera. El enorme y muy rentable comercio de heroína del país tiene su origen aquí. Los campesinos empobrecidos suministran la pasta de opio a los cárteles.

En el noreste, la Sierra Madre Oriental alberga el pico más alto del país y el tercero de Norteamérica, el volcán inactivo Pico de Orizaba. Esta cadena montañosa se sumerge en las azules aguas de la Riviera Mexicana.

COSTAS Y HUMEDALES

México tiene más de 10 000 km de costa. En el lado del Pacífico, en el oeste y el sur, el litoral está lleno de calas y promontorios rocosos, como en el mar de Cortés. Esta extensa franja de aguas de color turquesa, conocida como «el acuario del mundo», es una importante zona de cría de tiburones ballena, ya que es un litoral resguardado. La costa de la península de Baja California, en el noroeste, es una de las de mayor biodiversidad del país, mientras que la costa de la península de Yucatán, en el sureste, separa las aguas color esmeralda y las doradas playas del mar Caribe del inmenso golfo de México.

Más hacia el interior, los frágiles humedales mexicanos incluyen desde manglares hasta lagunas salinas. Los bosques de manglares mexicanos, como los de la laguna de Chacahua, en el sur, son uno de los ecosistemas más productivos de todo el mundo. Las raíces de los manglares, que se sumergen en las aguas

salobres costeras, son el criadero perfecto para peces jóvenes y crustáceos, mientras que en las ramas viven aves y monos. Sin embargo, estos bosques están muy amenazados a causa, en gran medida, del calentamiento de los mares y del desarrollo costero. Las poblaciones de la costa, como las de la península de Yucatán, trabajan incansablemente para restaurar estos paisajes, plantando y cuidando los manglares.

SELVAS Y JUNGLAS

Las selvas tropicales mexicanas se enfrentan al mismo desafío, ya que solo se conserva menos del 10 % de las selvas originarias. El mayor bosque tropical que queda en América del Norte es la selva Lacandona, que se extiende de Chiapas a Guatemala. Aquí viven más del 30 % de todas las especies de aves del país y el

Arriba Las ruinas de Yaxchilán, en las orillas del río Usumacinta

Izquierda La costa de la Riviera Maya, en la península de Yucatán

25 % de sus mamíferos. El enorme río Usumacinta serpentea por el límite sur de Lacandona, flanqueado por antiguas ruinas mayas, como las de la ciudad de Yaxchilán.

También hay vastas selvas en la península de Yucatán. Explorar el interior de esta península es como sumergirse en los mitos mayas de la creación; de hecho, la región fue el centro de esta antigua civilización. De entre la jungla tropical emergen ruinas, como las pirámides de Chichén Itzá (*p. 37*) y Calakmul. Los más de 6000 cenotes –unas profundas dolinas inundadas, conectadas por ríos subterráneos– eran considerados como la entrada al inframundo por parte de las comunidades indígenas del país.

El calentamiento de los mares mexicanos

El cambio climático podría tener unos efectos catastróficos en los asentamientos y los ecosistemas costeros mexicanos. En el golfo de México las temperaturas están aumentando mucho más deprisa que en el resto del mundo, lo que supone una grave amenaza para el precario sustento de las comunidades que viven en la costa. Las inundaciones, por ejemplo, han duplicado su frecuencia en los últimos diez años. Los expertos en el clima están estudiando el golfo para entender los efectos del calentamiento de los mares, mientras que los activistas locales presionan para que se invierta más en infraestructuras costeras resistentes al clima.

FLORA Y FAUNA

Con toda esta abundancia de paisajes, no es de extrañar que México acoja más del 10 % de las especies conocidas en el mundo y casi todos los hábitats naturales existentes. Estos son algunos de los habitantes más raros y extraordinarios del país.

AXOLOTL

Increíblemente bonito, pero muy amenazado, el axolotl es tan querido en el país que cuando se pusieron en circulación los billetes de 50 pesos con su imagen, la gente se negaba a gastárselos. Se trata de una especie autóctona de los canales de Xochimilco, en Ciudad de México, y en su tiempo formó parte de la dieta de los aztecas. Actualmente quedan pocos en libertad, sin embargo, se están realizando numerosos esfuerzos para preservar esta especie de salamandra.

CACTUS

En México hay cactus de todas las formas y tamaños; de hecho, casi la mitad de todos los cactus del mundo pueden encontrarse aquí –y la mayoría de ellos son endémicos del país–. De los gigantescos saguaros del desierto de Sonora, en el norte, a los nopales, que producen higos chumbos y cuyas hojas también se consumen, pasando por las variedades diminutas que crecen en macetas en los alféizares soleados de muchas casas, estas plantas espinosas están enraizadas (literalmente) en el país y su cultura.

XOLOITZCUINTLE

Conocidos a menudo con el nombre de «perro sin pelo mexicano», los xolos –como también se llaman coloquialmente– se asocian con el dios de la muerte chichimeca, Xólotl, y son venerados desde la época mesoamericana, cuando se creía que guiaban a las almas a través de Mictlán, la Ciudad de la Muerte. En México se les considera animales domésticos y pueden verse vestidos con bonitos jerséis y blusas bordadas para protegerlos del frío.

JACARANDÁS

Aunque no es un árbol endémico de México, las ramas llenas de preciosas flores de color lila de los jacarandás son una imagen que no hay que perderse en la capital cada primavera. Introducidos en México durante la presidencia de Porfirio Díaz, en el siglo XX, por un jardinero japonés que trabajaba para el mandatario, los jacarandás son actualmente un símbolo de la capital y pueden verse florecientes en las principales calles de la ciudad.

ÁGUILA REAL

La iconografía del águila se remonta al Imperio azteca y el águila real –o simplemente águila mexicana– sigue ocupando un lugar central en la identidad de México (y en la bandera del país), como símbolo de fuerza y valor. El equipo de fútbol de la capital, el Club América, tiene incluso como mascota un águila llamada Celeste, que aparece en el campo antes de cada partido. En libertad, es más probable verla en las zonas áridas de los estados del norte y el centro.

1 El axolotl, con sus branquias que parecen plumas y sus extremidades palmeadas

2 Un cactus nopal, muy usado en la cocina mexicana

3 El xoloitzcuintle es un perro único que carece de pelo

4 Las flores de color púrpura de un jacarandá

5 Un águila real, símbolo de la identidad mexicana

MARIPOSA MONARCA

Todos los inviernos, las mariposas monarca realizan su migración anual desde las zonas altas de América del Norte hasta los húmedos bosques del centro de México. Consideradas por algunas comunidades indígenas como las almas de los muertos que regresan, estas mariposas constituyen un espectáculo impresionante, ya que tiñen los cielos y los árboles de color naranja y las ramas se inclinan por su peso. Aunque están amenazadas por las talas, incluso dentro de la Reserva de la Biosfera de la Mariposa Monarca mexicana, las mariposas resisten.

CEMPASÚCHIL

Conocida también como caléndula mexicana, los cempasúchiles (del náhuatl, *cempōhualxōchitl*) están muy asociados con la celebración del Día de Muertos. Se cultivan sobre todo en la zona central de México. Se dice que su fuerte aroma y sus suaves pétalos –que suelen ser de un color naranja intenso– ayudan a los difuntos a encontrar el camino de regreso a la tierra de los vivos. Aparte de para adornar los altares del Día de Muertos, los cempasúchiles, que son endémicos de México, se usan para teñir tejidos, aliviar la indigestión y dar sabor al helado.

AGAVE AZUL

El agave azul, que está estrechamente relacionado con el maguey espinoso con el que se elabora el mezcal –todos los agaves son, en realidad, variedades distintas de maguey–, es la planta con la que se elabora el tequila de mejor calidad (*p. 108*). Originaria del estado de Jalisco y cultivada en este estado y en Colima, Nayarit y Aguascalientes, esta planta enorme está formada por unas pencas carnosas de bordes afilados y una parte central llamada piña. Sus jugos destilados son la base del tequila. También se usa para producir una gran variedad de textiles (incluidas pieles veganas) y jarabes, que se elaboran respectivamente con las pencas y la parte central.

JAGUAR

El rostro fiero del jaguar aparece en las máscaras y en la mitología de todo México, se representa en la Danza de los Tecuanes y está presente en las culturas zapotecas, maya y azteca. Considerados como espíritus guías por algunos y como dioses sagrados por otros, los jaguares –que son el mayor felino de América del Norte– pueden verse sobre todo acechando por las vastas llanuras y las sombrías junglas de la península de Yucatán.

AHUEHUETE

El ejemplar de ahuehuete (un árbol de la familia del ciprés) más emblemático del país está en la pequeña localidad oaxaqueña de Santa María del Tule –el árbol del Tule tiene una circunferencia de casi 45 m y se cree que supera los 2000 años–. Sin embargo, estos gigantes pueden encontrarse en cualquier lugar donde haya agua suficiente para sustentarlos. Según una leyenda popular, fue debajo de un ahuehuete –el árbol nacional del país– donde Hernán Cortés lloró después de perder una batalla decisiva contra los mexicas en el Valle de México.

6 Unas mariposas monarcas revolotean entre las ramas

7 Caléndulas mexicanas, la flor emblemática del Día de Muertos

8 Agaves azules gigantescos en el desierto de Guadalajara

9 Un jaguar acechando entre la maleza

10 El árbol nacional mexicano, el ahuehuete o ciprés calvo de Montezuma

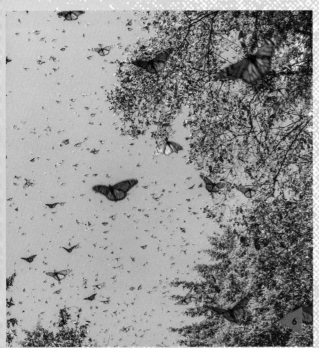

6

7

8

10

9

ESCUDO
de
ARMAS

En México, la flora y la fauna tienen una gran relevancia cultural, ya que son símbolos de la identidad nacional y de la tradición indígena. El escudo nacional de México, que ocupa un lugar destacado en la bandera del país, refleja esta importancia. El emblema nacional, que representa a un águila posada sobre un cactus nopal con una serpiente en el pico, se remonta al mito de la fundación de Tenochtitlán, la capital azteca antes de la llegada de los españoles.

Según la leyenda, los aztecas dejaron Aztlán, una ciudad que se cree que estaba en el noroeste del país, en busca de un lugar en el que comenzar una nueva vida. Huitzilopochtli, el dios azteca del sol y la guerra, les dijo que tenían que instalarse donde vieran un águila posada sobre un cactus devorando una serpiente. Tras deambular por tierras inhóspitas, los aztecas llegaron al Valle de México en torno al año 1325. Fue aquí donde vieron un águila posada en una pequeña isla en medio del lago Texcoco, el origen de la ciudad de Tenochtitlán. Esta urbe enorme fue conquistada por los españoles unos dos siglos más tarde y con el tiempo se convirtió en la actual Ciudad de México.

El emblema nacional adorna la bandera mexicana desde 1968. Los colores de la bandera (verde, blanco y rojo) no han cambiado desde 1821, pero su significado ha evolucionado con el tiempo. Originalmente, el verde representaba la independencia, el blanco, la religión, y el rojo, la unión; pero México es un Estado laico desde mediados del siglo XIX, así que los colores de la enseña nacional ahora representan la esperanza, la unidad y la sangre de los héroes que lucharon por la independencia.

ViDa RuRal

Durante miles de años, los mexicanos han tenido una estrecha relación con la tierra, un vínculo que continúa en la actualidad. Las comunidades rurales han tejido unos fuertes lazos que les permiten afrontar los desafíos que plantea la vida en el campo.

Desde los días del Imperio azteca, cuando los antiguos habitantes desarrollaron unas ricas prácticas de cultivo, la agricultura ha ocupado un lugar central en la cultura y la economía de México.

LAS PRIMERAS COMUNIDADES

Para los aztecas, la vida rural se caracterizaba por el ingenio y la adaptación. Un gran número de prácticas agrícolas innovadoras se desarrollaron en esa época, incluido el uso de granjas

flotantes, que permitían cultivar verduras en las tierras pantanosas del Valle de México. El Imperio azteca estaba formado por tres ciudades-estado con una gran población urbana (Tenochtitlán, la capital, llegó a tener 200 000 habitantes), pero el campo azteca también era muy complejo. Un mosaico de pequeñas comunidades rurales salpicaba el territorio, que estaba gestionado por una clase rural conocida como *mācēhualtin*. Estas comunidades no estaban totalmente aisladas de las ciudades:

Arriba Hileras de cultivos al lado de un campo arado en el centro de México

Arriba a la izquierda Las granjas flotantes de los aztecas según una ilustración (c. 1900)

participaban en un comercio de larga distancia con los centros urbanos y su producción agraria era necesaria para el mantenimiento de la población urbana.

Las comunidades agrícolas del país siguieron desempeñando un papel social muy importante durante siglos. Esta relevancia se hizo patente en 1821, cuando el país se independizó de España, ya que el 50 % de la población activa trabajaba en el sector primario; por ello, la agricultura se convirtió en un motor económico clave para la modernización de la nación.

VIVIR DE LA TIERRA

La creciente urbanización y el atractivo de las ciudades del país (y las oportunidades de educación y empleo que ofrecen) han causado una reducción de la población rural. Este proceso comenzó después de la Revolución mexicana (*p. 40*): las reformas agrarias que se promovieron tras el conflicto hicieron que muchos campesinos se liberaran del sistema semifeudal que los había tenido ligados a la tierra. Por su parte, los propietarios agrícolas de repente se vieron privados de una gran cantidad de mano de obra barata y empezaron a desplazar sus inversiones del campo a las florecientes ciudades. De este modo, la población urbana del país aumentó en detrimento de las comunidades rurales.

En 1950, más de la mitad de los mexicanos vivían en zonas rurales;

en 2020, esta cifra era de solo el 21 %. Según el Gobierno mexicano, actualmente casi cuatro de cada 10 campesinos tienen más de 60 años.

Para quienes siguen viviendo en los extensos territorios rurales mexicanos, la agricultura es aún la principal fuente de empleo. El tipo de vida rural depende de la región. El norte del país, más escasamente poblado, tiene unas explotaciones agrarias más grandes e industrializadas, mientras que en el sur son más pequeñas y familiares. Muchos siguen empleando técnicas transmitidas durante generaciones, como el arado de la tierra con bueyes o el uso del sistema de cultivo de la milpa (p. 81).

LOS DESAFÍOS RURALES

La disminución de la población rural no es el único desafío que afronta el campo. Las comunidades rurales se enfrentan a la falta de acceso a la sanidad, la educación y otros servicios, además de a la ausencia de infraestructuras básicas, como las carreteras y la electricidad.

Estos problemas agravan la pobreza rural: según el Gobierno mexicano, en 2018 más de la mitad de los mexicanos que vivían en áreas rurales eran considerados pobres, frente al 38 % de los que vivían en las ciudades. El Gobierno ha intentado resolver estas desigualdades con el aumento de los subsidios destinados a los campesinos y la creación de programas como «Sembrando Vida», que paga a los agricultores para que planten árboles en pequeñas parcelas de tierra.

Muchos de estos problemas afectan de manera desproporcionada a las comunidades indígenas. Más de la mitad de ellas viven en áreas rurales, debido en parte a sus vínculos ancestrales con la tierra y a una mayor dependencia de los medios de subsistencia tradicionales, como la agricultura. En 2018, casi el 70 % de la población indígena rural era pobre y cerca del 30 % vivía en la pobreza extrema. A pesar de los esfuerzos del Gobierno, el desempleo sigue siendo generalizado entre estas comunidades, lo que hace que muchos indígenas mexicanos (sobre todo los hombres) acaben emigrando en busca de trabajo a otros estados, a las ciudades más grandes e incluso a Estados Unidos.

El México rural también tiende a ser más conservador socialmente que los centros urbanos, sobre todo en lo que se refiere a las actitudes machistas (p. 58). En cuanto a los roles de género, los hombres del México rural son el sostén de la familia y suelen trabajar en el campo, mientras que las mujeres se ocupan de las tareas domésticas (cocinar, limpiar y criar a los hijos).

LA CULTURA COMUNITARIA

A pesar de las dificultades, las comunidades rurales mexicanas disfrutan de una rica vida cultural. A lo largo del año se

Arriba Un desfile de charros (vaqueros) en el marco de una charrería

Izquierda Cosechando frijoles en la Oaxaca rural

suceden una serie de fiestas y celebraciones que tienen una gran importancia para la comunidad, mientras que los deportes tradicionales, como la charrería (*p. 144*), siguen atrayendo a grandes multitudes. Las fiestas están muy marcadas por el calendario agrícola, lo que refleja una estrecha conexión con los ritmos de la tierra. Entre estas, destaca el festival de Santa Cruz, a principios de mayo, cuando se celebra el comienzo de la temporada de lluvias. También hay festividades indígenas en México que van más allá del culto a la tierra, como las celebraciones del Día de Muertos de Janitzio, en el estado de Michoacán, o los Voladores de Papantla, en Veracruz (*p. 72*). Es en los pueblos y ciudades del México rural donde las tradiciones culturales del país están más vivas.

Los *muxes*

Aunque las grandes ciudades suelen ser más liberales y, por tanto, más tolerantes con la comunidad LGTBIQ+ mexicana, la zonas rurales también juegan un papel importante. En el estado de Oaxaca, la comunidad indígena zapoteca es conocida por sus *muxes*, personas que nacen hombres, pero asumen roles femeninos cuando crecen. Los *muxes* encarnan un tercer género que no es ni masculino ni femenino y son ampliamente aceptados por los zapotecas.

vida en las ciudades

A pesar de que México tiene una cultura rural muy arraigada, ocho de cada diez mexicanos viven actualmente en las ciudades y los dinámicos centros urbanos del país son un foco cultural e industrial.

La imagen tradicional de México es la de un país mayoritariamente rural, sin embargo, se trata de una sociedad muy urbanizada. De hecho, una cuarta parte de la población vive en tan solo tres áreas: Ciudad de México, Guadalajara y Monterrey. Este proceso de expansión urbana se ha desarrollado durante varias décadas, impulsado por la emigración de una gran parte de los habitantes de las zonas rurales hacia las ciudades más grandes, en busca de oportunidades económicas.

CIUDADES EN CRECIMIENTO

Al igual que en muchos otros países del mundo, la urbanización ha cambiado la naturaleza de la sociedad mexicana. Este cambio se aceleró durante la segunda mitad del siglo XX, ya que la industrialización proporcionó mejores oportunidades económicas en las ciudades, así como la creación de escuelas y universidades, por lo que supuso un crecimiento muy rápido de las áreas urbanas del país.

La mayor explosión demográfica se ha vivido con diferencia en Ciudad de México, que ha pasado de ser la capital política del país a convertirse también en su principal centro económico, gracias al desarrollo de industrias como la textil y de sectores como el de la banca y el comercio minorista, que se han implantado en su extensa área metropolitana. En 1930, Ciudad de México tenía apenas 1 millón de habitantes; en 1950 la población se había triplicado y en 1970 se había disparado hasta llegar a más de 9 millones. En la actualidad, el área metropolitana de la capital tiene una población de más de 20 millones de personas, lo que la convierte en una de las mayores ciudades del mundo. Además de esta gran metrópolis, México tiene 16 ciudades de más de 1 millón de habitantes, incluidas Guadalajara, en el oeste, y Monterrey, en el norte, cada una con una población superior a los 5 millones.

Izquierda Multitud de personas en la avenida Francisco I Madero, en Ciudad de México

Derecha La ciudad de Guadalajara, en el centro de México

Las ciudades cercanas a la frontera vivieron un desarrollo muy particular con la firma del Tratado de Libre Comercio de América del Norte (TLCAN) en 1994, que hizo crecer rápidamente el comercio entre Estados Unidos y México. Empezaron a surgir en la zona fronteriza fábricas que producían de todo, desde vaqueros hasta productos electrónicos. Esto atrajo a nuevos residentes, que venían en busca de sueldos más altos y trabajos más estables. La población de ciudades como Tijuana, Ciudad Juárez y Reynosa creció un 50 % en los años posteriores a la firma del tratado de comercio.

HISTORIAS DE MÉXICO

Me llamo Ramiro Maravilla. Nací en Ciudad de México, pero viví parte de mi infancia en una pequeña población llamada Ario de Rayón, en el estado de Michoacán. Una de las cosas que recuerdo de Ario de Rayón es que siempre me despertaban los ruidos de los animales: había gallos, ovejas y muchos perros que ladraban. También recuerdo que podía ver las estrellas. En Ciudad de México, cuando mirabas al cielo no podías verlas, pero en Michoacán podías mirar al cielo y ver un montón de estrellas.

Volví a Ciudad de México cuando tenía siete años y estoy muy habituado a ella, entre otras cosas porque nací aquí. Estoy acostumbrado especialmente a tener acceso a casi todo. En Ciudad de México tienes todas las instituciones del Gobierno y todas las universidades. Además, en Michoacán no hay una vida LGTBIQ+, así que lo hubiera tenido muy difícil para salir del armario. Ciudad de México es un paraíso: empezamos las leyes LGTBIQ+, el matrimonio gay, la adopción, tenemos la celebración del Orgullo. Aquí es donde se inició el movimiento.

Ramiro Maravilla, Ciudad de México

LOS PROBLEMAS DE LAS CIUDADES

A medida que crecían estas ciudades, también lo hacían las desigualdades sociales. Muchos de los pobres que se trasladaron a la ciudad acabaron viviendo en asentamientos situados en la periferia de las grandes áreas metropolitanas. A pesar de las mayores oportunidades de trabajo de las ciudades, en México los sueldos han sido históricamente bajos, sobre todo en la economía informal (incluidos los restaurantes familiares y los vendedores callejeros), por lo que la pobreza urbana es generalizada. Muchos de los asentamientos situados en las afueras de las ciudades carecen de servicios básicos, como agua corriente, y también tienen un alto índice de criminalidad y corrupción.

Las grandes ciudades, como la capital, también ponen de relieve las profundas divisiones sociales del país, con enclaves ricos y selectas comunidades muy próximas a barrios empobrecidos. Un ejemplo de ello es el distrito de Santa Fe, en Ciudad de México, que se encuentra junto a una zona desfavorecida. Es famosa la frase del escritor mexicano Carlos Fuentes, que en la década de 1980 llamó a Ciudad de México la «capital del subdesarrollo», para poner de relieve la gran pobreza y la falta de inversiones sociales. Las divisiones de clase siguen siendo muy profundas en los centros urbanos: en el barrio periférico de Milpa Alta, en Ciudad de México, más del 50 % de la población es pobre, según

Arriba Cerca de
Santa Fe, en la
periferia de Ciudad
de México

las cifras del Gobierno; en cambio, en el
rico distrito central de Benito Juárez,
donde se encuentra el acomodado barrio
de Miguel Hidalgo, el índice de pobreza es
inferior al 8 %.

LOS ESFUERZOS MODERNIZADORES

A pesar de sus problemas, las ciudades
mexicanas son lugares dinámicos, que
están mejorando gracias al aumento de la
inversión pública. La clase media, cada vez
más amplia, se está beneficiando del crecimiento de los ingresos, los avances en la
educación y la mejora de las viviendas.
Aunque todavía hay una parte de la población rezagada, se están realizando esfuerzos para mejorar las condiciones de vida
en los barrios obreros. En el distrito desfa-
vorecido de Iztapalapa, en Ciudad de
México, el alcalde ha instalado luces
potentes en las calles para mejorar la
seguridad y ha construido grandes
parques con piscinas públicas, campos
deportivos, teatros y otras instalaciones,
para mejorar el acceso de la población al
ocio, las artes y a otras actividades.

Ciudad de México también ha transformado su infraestructura de transporte
público, con el fin de mejorar los problemas
de tráfico y reducir la contaminación. Los
sucesivos gobiernos municipales han ido
ampliando el metro de la ciudad y han aña-
dido nuevos medios de transporte, como la
popular línea de autobús urbano conocida
como «Metrobús», que ha reducido considerablemente los tiempos de desplaza-
miento, y un programa de uso compartido
de bicicletas en constante expansión.

Las políticas públicas, como las normas
más estrictas de emisiones de los vehículos, han reducido considerablemente la

contaminación; de ser considerada la ciudad más contaminada del mundo por la ONU en 1992, Ciudad de México ha pasado a ocupar ahora el puesto 917.

UNAS CIUDADES PROGRESISTAS

Muchos de los emigrantes rurales que llegaron a las ciudades a principios del siglo XX se impregnaron de la ideología igualitaria de la Revolución mexicana *(p. 40)*, que sentó las bases del desarrollo progresista de los centros urbanos.

La capital fue una de las primeras grandes ciudades del continente americano que legalizó el matrimonio entre parejas del mismo sexo en 2010 y también permitió el aborto muchos años antes que otros estados mexicanos.

La ciudad sigue siendo el epicentro de importantes movimientos de protesta, en especial del movimiento feminista de México, que ha resurgido en respuesta a los crecientes niveles de violencia contra las mujeres. Durante las masivas protestas de 2021, unas activistas

Arriba Marcha del Día Internacional de la Mujer en Ciudad de México

Derecha Un café en el centro de Ciudad de México, popular entre los estudiantes

feministas se subieron a un pedestal del Paseo de la Reforma de la capital e instalaron la estatua de una mujer con el puño levantado hacia el cielo, como símbolo de la solidaridad feminista. En 2023, el Ayuntamiento votó formalmente que la estatua tuviera carácter permanente.

Las ciudades mexicanas también se han convertido en centros de innovación, gracias al crecimiento de las finanzas y otros sectores económicos, y a los jóvenes que se forman en las escuelas y universidades del país. La Universidad Nacional Autónoma de México (UNAM), de Ciudad de México, es una de las más prestigiosas de América Latina y la capital también se ha convertido en uno de los principales centros tecnológicos de la región. Por su parte, la ciudad de Monterrey es conocida por ser un gran centro industrial.

BASTIONES CULTURALES

Las ciudades del país, además de centros fabriles, también son focos de ocio y cultura. La capital alberga más de 140 museos y decenas de galerías –incluido el monumental Museo de Antropología e Historia–, así como numerosas salas de conciertos, cines y algunos de los mejores restaurantes del mundo. Pero otras ciudades también cuentan con una gran oferta cultural. Guadalajara, por ejemplo, es famosa por su música mariachi y su gastronomía, y por acoger la Feria Internacional del Libro de Guadalajara –la más importante del mundo hispanohablante–. También hay otras ciudades más pequeñas conocidas por su gran actividad cultural. Morelia, en el oeste, es la sede de uno de los festivales de cine más importantes del país y Guanajuato acoge cada año el Festival Internacional Cervantino, dedicado a la literatura, la danza, la música y otras artes.

Nómadas digitales

Las ciudades mexicanas son cada vez más atractivas para vivir, no solo para los mexicanos, sino también para personas de todo el mundo. El auge del teletrabajo durante la pandemia de COVID-19 hizo que los llamados nómadas digitales se instalaran masivamente en los codiciados barrios del centro de la capital. Esto ha impulsado la economía de la zona, pero también ha provocado el rechazo de los residentes tradicionales. El Ayuntamiento de la ciudad ha puesto en marcha algunas iniciativas para tratar de mitigar el fenómeno, como la construcción de viviendas destinadas a la población local, y tiene planes para limitar el desarrollo inmobiliario.

EN EL MAPA

PRINCIPALES CIUDADES

Las pujantes ciudades mexicanas siguen atrayendo a personas de todo el mundo. El clima y la orografía del país, junto con los siglos de inmigración llegada de todas partes, han creado unos centros urbanos con una gran variedad cultural y arquitectónica. Al sur de la capital, las ciudades, como Puebla, están marcadas por una mezcla de influencias europeas e indígenas, mientras que, en el norte, los ricos centros industriales, como Guadalajara, son bastiones de la industria y las manufacturas. Estas son algunas de las grandes ciudades del país.

La mayor ciudad fronteriza de México, **Tijuana**, acoge también el paso fronterizo más transitado del mundo, que la conecta con la ciudad de San Diego, en Estados Unidos. Históricamente ha sido una de las urbes más peligrosas del planeta, ya que aquí los cárteles luchan por el control del tráfico de drogas, pero en la actualidad también acoge una animada escena artística callejera.

Guadalajara es la capital de Jalisco, en la parte centro-occidental de México y la segunda ciudad del país por población. Es famosa por el tequila, la música mariachi y las *tortas ahogadas* (pan relleno de carne de cerdo), unas tradiciones que se celebran con orgullo en el estado.

Ciudad de México, capital del país, se encuentra en el valle del mismo nombre y es una de las ciudades habitadas más antiguas del mundo. La enorme población del área metropolitana (más de 20 millones de habitantes) constituye casi una sexta parte de la población total del país. La ciudad incluye distritos centrales como Miguel Hidalgo y barrios obreros como Iztapalapa, al este.

La capital del estado de Nuevo León, en el noreste de México, **Monterrey**, es famosa por su pujanza económica, debido en parte a su cercanía a la frontera estadounidense. La ciudad alberga el Instituto Tecnológico de Monterrey, estrechamente vinculado a la élite empresarial del país.

La capital colonial de **Puebla** se extiende por las laderas de la Sierra Madre, al sureste de Ciudad de México. En época colonial la ciudad era un importante bastión militar. La arquitectura de esa época sigue siendo muy visible en su centro urbano (que ha sido declarado Patrimonio de la Humanidad por la Unesco). La ciudad se caracteriza por una animada mezcla de tradiciones indígenas y europeas.

LOS PUEBLOS MÁGICOS

Los Pueblos Mágicos son localidades reconocidas por el Gobierno mexicano por unas cualidades excepcionales concretas, como la belleza natural, una rica historia o una significación cultural especial. Para poder recibir el distintivo de «Pueblo Mágico», que fue creado en 2001, la localidad tiene que ser considerada excelente por los jueces del programa y cumplir determinados criterios, como tener un mínimo de 20 000 habitantes y contar con un programa de desarrollo turístico. Cuando una población logra este distintivo, accede a más fondos públicos con los que impulsar el turismo y desarrollar instalaciones.

Actualmente, hay más de 170 Pueblos Mágicos por todo México. Algunos, como Dolores Hidalgo, en el estado de Guanajuato, tienen una importancia histórica: aquí, el padre Miguel Hidalgo empezó la lucha mexicana por la independencia en 1810 *(p. 39)*. Otros, como Zihuatanejo, en Guerrero, han sido elegidos por sus maravillas naturales: la localidad está a orillas del Pacífico y tiene unas preciosas playas bordeadas de palmeras. También está la ciudad de Tequila, que logró el distintivo por ser la cuna del popular licor *(p. 108)*.

El hecho de ser nombrado «Pueblo Mágico» es un reconocimiento de la importancia cultural de la localidad, pero también plantea ciertos desafíos. Tepoztlán, en el estado de Morelos, famosa por su hermosa ubicación entre montañas, fue la primera localidad que logró el distintivo en 2001. En la actualidad se enfrenta a un serio problema de masificación turística. De todos modos, a pesar de estos retos, los Pueblos Mágicos de México ponen de relieve la rica historia y la increíble belleza del país.

BReve HistoRia De MéXicO

La convulsa historia mexicana abarca muchos siglos, desde la llegada de los pueblos nómadas, pasando por los grandes imperios mesoamericanos, hasta llegar al nacimiento de la nación actual.

En la larga historia de México hay poderosos imperios, sangrientas invasiones y revoluciones de proporciones sísmicas. Durante todos estos periodos, los diversos pueblos han ido creando una nación excepcional que ha cambiado el mundo que la rodeaba.

EL COMIENZO

La historia antigua mexicana está envuelta en misterio. Empezó hace milenios, después de que unos pueblos nómadas procedentes del noreste de Asia cruzaran el estrecho de Bering y llegaran a lo que actualmente se denomina Mesoamérica. La primera civilización conocida del actual territorio mexicano es la de los olmecas, que vivieron en el golfo de México entre 1500 y 400 a. C. aproximadamente. Su pericia arquitectónica y artística puede verse en las colosales cabezas talladas, los tronos y las estelas (losas verticales de piedra) que dejaron tras de sí. Sin embargo, durante el primer milenio a. C., por razones que se desconocen, los olmecas entraron en declive.

EL DESARROLLO DE LAS CIVILIZACIONES

Se cree que los olmecas influyeron en las civilizaciones mesoamericanas que posteriormente dominaron el territorio mexicano, como los mayas, que vivían en el sur. El máximo apogeo de esta civilización se produjo entre los años 200 y 800 d. C. Los mayas construyeron pirámides y templos enormes y desarrollaron un lenguaje escrito, que incluía jeroglíficos. Sin embargo, esta civilización también entró en decadencia, en torno al año 900 d. C., debido a una combinación de guerras, sobrepoblación y migraciones.

Durante la época maya, en el Valle de México, un pueblo desconocido construyó una gran ciudad-estado llamada Teotihuacán. Cuando la ciudad entró en declive debido a ataques externos y a la propia decadencia y pobreza internas, su lugar fue ocupado por una serie de estados militarizados, el más importante de los cuales era el de los toltecas, que se habían establecido en el Valle de México antes del siglo X. Al igual que los mayas, los toltecas fueron derrotados por otros grupos rivales.

EL ASCENSO DE LOS AZTECAS

Tras los toltecas llegaron los aztecas, que se asentaron en el Valle de México a principios del siglo XIII. En 1325 establecieron su capital, Tenochtitlán (p. 20), en varias islas del lago Texcoco,

Derecha El templo de Kukulcán, construido por los mayas en Chichén Itzá

RUINAS MESOAMERICANAS
IMPORTANTES

Monte Albán

Antigua capital del Imperio
zapoteca, fue construida en lo
alto de una enorme montaña a las
afueras de la ciudad de Oaxaca,
en el sur de México.

Teotihuacán

La emblemática Teotihuacán,
cuyo nombre significa «el lugar
donde fueron creados los dioses»,
tiene pirámides, el templo del Sol
y el templo de la Luna.

Chichén Itzá

La ciudad-estado maya de
Chichén Itzá fue uno de los lugares
más sagrados de la época
mesoamericana. Fue declarada
Patrimonio de la Humanidad
por la Unesco en 1988.

Tulum

No es extraño que los mayas
construyeran una de sus últimas
ciudades en Tulum. En lo alto de
un acantilado que domina la
Riviera Maya, las ruinas de esta
ciudad son de gran belleza.

donde crearon una enorme ciudad llena de acueductos, canales y pirámides.

En los siglos posteriores, los aztecas construyeron un poderoso imperio militar y en el siglo XV muchas otras ciudades-estado de la región estaban bajo su control. También desarrollaron avanzados sistemas religiosos, sociales, económicos y educativos, y seguían el paso del tiempo con un calendario solar de 364 días.

En 1519 el conquistador español Hernán Cortés y sus hombres desembarcaron en México con la esperanza de encontrar oro, plata y otros recursos. Por entonces, los aztecas se enfrentaban a numerosos conflictos internos, la sobrepoblación y la resistencia de los estados periféricos. En 1521 los españoles unieron sus fuerzas con las de un estado rival y se hicieron con el control de una Tenochtitlán muy dañada; una nueva ciudad, Ciudad de México, fue construida encima de sus ruinas.

Cortés y los aztecas

Cuando Cortés llegó a México en 1519, fue recibido cordialmente por Moctezuma, el soberano azteca. Sin embargo, el hecho de que Moctezuma regalara oro a los españoles, confirmó las sospechas de estos de que la zona era rica en recursos, por lo que lo hicieron prisionero. El ejército español, aliado con unos 200 000 guerreros de las ciudades-estado de Tlaxcala y Cempoala, mantuvo sitiada la ciudad de Tenochtitlán durante 93 días en 1521. Dos años después de su llegada, los españoles convirtieron la rica y poderosa capital azteca en una ciudad en ruinas.

EL MÉXICO DE LA ÉPOCA COLONIAL

Tras la derrota de los aztecas, los españoles se hicieron rápidamente con el control de más tierras; en tres años, lograron dominar la mayor parte del actual México, que fue rebautizado con el nombre de «Nueva España». A lo largo de los siglos XVI y XVII, los españoles se apoderaron de las tierras indígenas, establecieron impuestos y formas locales de gobierno y trajeron a misioneros de España para convertir a la población indígena al catolicismo. Pero con ellos también vinieron enfermedades como la viruela y el sarampión, que provocaron decenas de miles de muertos.

Con la explotación de los recursos naturales de México, la economía colonial creció. En esa época, Nueva España dependía en gran medida del trabajo de los africanos esclavizados que eran obligados a trabajar de manera gratuita en las minas y las plantaciones. Al mismo tiempo, aparecieron nuevos grupos sociales, basados en gran parte en el color de la piel. Los individuos de ascendencia europea –conocidos como criollos– ocupaban el escalafón social más alto, establecieron haciendas, en las que se criaba ganado y se cultivaba, y construyeron grandes residencias e iglesias. Los mestizos –de ascendencia mixta europea e indígena– desempeñaban puestos cualificados, como comerciantes, artesanos y funcionarios, mientras que los indígenas ocupaban los lugares más marginales de la sociedad.

LA INDEPENDENCIA MEXICANA

La lejanía geográfica respecto a España permitió que México gozara de una cierta autonomía y que sus nuevas élites se enriquecieran y acumularan poder. Sin embargo, en el siglo XVIII, la dinastía de los Borbones españoles quiso recuperar el control. Los poderes reales se centralizaron, la

Iglesia perdió influencia y las relaciones entre España y México empeoraron.

Las tensiones fueron en aumento hasta llegar al punto de ruptura el 16 de septiembre de 1810, cuando Miguel Hidalgo (p. 212) dio un discurso, conocido como el Grito de Dolores, en el que exhortaba a sus feligreses a luchar por la independencia. Sin embargo, la rebelión fue aplastada. Otra revuelta, en 1814, liderada por el sacerdote José María Morelos, también fue reprimida. Al final, en 1821, la élite criolla, aprovechando que España estaba inmersa en las guerras napoleónicas, declaró la independencia del Imperio español. Así nació el México moderno.

UNA NUEVA NACIÓN

Después de un pequeño paréntesis imperial, México se convirtió en una república. La nueva nación estaba dividida entre los liberales, que defendían una sociedad progresista, laica y de libre comercio, y los conservadores, que querían un Estado centralizado apoyado en el ejército y la Iglesia.

Cuando los liberales llegaron al poder en 1855, liderados por Benito Juárez, iniciaron un periodo de grandes reformas políticas y sociales conocido como La Reforma. En esa época se separó el Estado y la Iglesia, se redujeron los poderes de esta última, se puso al ejército bajo el control de los civiles y se promulgó una carta de derechos de todos los ciudadanos. La Iglesia y el ejército se resistieron a estos cambios, pero en la guerra de Reforma que estalló a continuación (1857-1860), los liberales salieron victoriosos.

No obstante, el conflicto estaba lejos de acabar. En 1864 los conservadores contraatacaron, buscaron el apoyo de

Arriba Un mural con Pancho Villa y Emiliano Zapata, realizado por Bruno Mariscal

Napoleón III y nombraron a Maximiliano de Habsburgo nuevo emperador de México. Sin embargo, este estuvo muy poco tiempo al frente del país, ya que fue ejecutado en 1867 y la república fue restaurada con Benito Juárez.

LA REVOLUCIÓN

Tras la muerte de Juárez, el general Porfirio Díaz tomó el control en 1876 e instauró una larga dictadura de tres décadas. Bajo su mandato, las ciudades crecieron y las comunicaciones mejoraron, pero los trabajadores rurales se empobrecieron y las clases medias mexicanas se fueron sintiendo cada vez más frustradas ante un gobierno tan autoritario.

La Revolución mexicana estalló en 1910, instigada por los trabajadores sin derecho a voto que estaban furiosos con el gobierno de Díaz. Los años de la Revolución estuvieron marcados por un conflicto generalizado en todo el país. Los líderes revolucionarios Emiliano Zapata y Pancho Villa acabaron con el régimen, pero el país sucumbió a una nueva espiral de violencia provocada por los conflictos entre diversos grupos revolucionarios.

El conflicto terminó en 1917, cuando Venustiano Carranza derrotó a Villa, asumió la presidencia y promulgó una Constitución totalmente nueva (que sigue en vigor actualmente). Al acabar la Revolución, más de un millón de personas habían muerto o dejado el país, la moneda se había hundido y las infraestructuras estaban en ruinas.

Para escapar de la sombra del conflicto, a mediados del siglo XX se hizo un esfuerzo concertado por crear una identidad nacional que combinara el legado indígena y el español. Hasta ese momento, la población indígena mexicana había ocupado un lugar muy marginal en la sociedad, pero los movimientos culturales como el muralismo (p. 162) trataron de celebrar el patrimonio indígena mexicano, creando una nueva imagen de una nación moderna que resurgía de sus cenizas.

EL AUGE DE LOS CÁRTELES

Los esfuerzos por lograr una paz duradera en México fracasaron debido a la escalada de violencia en la frontera con Estados Unidos. Durante todo el siglo XX se produjo un tráfico de drogas y armas de Sudamérica a Estados Unidos a través de México, pero el problema llegó a un punto crítico a finales de la década de 1980. En esa época, los cárteles se habían hecho fuertes, debido en parte a que los funcionarios corruptos aceptaban sobornos y también por su influencia, muchas veces violenta, en ciudades fronterizas como Tijuana (p. 32). Además, el colapso del poderoso cártel colombiano de Cali, a finales de la década de 1990, dejó un vacío entre quienes controlaban el comercio de estupefacientes, que permitió que los barones de la droga mexicanos se hicieran con el control de las rutas de la cocaína de la región. Este nuevo poder generó importantes tensiones entre los cárteles, los gobiernos locales y el Estado, que acabó convirtiendo unas luchas domésticas en una guerra contra la droga muy militarizada, que continúa en la actualidad.

MIRANDO AL FUTURO

El inicio del siglo XXI ha seguido siendo turbulento para México. La riqueza sigue muy mal repartida y la violencia de las bandas, la influencia de los cárteles y la migración son cuestiones preocupantes. Sin embargo, México ha afrontado muchas crisis y el futuro muestra indicios muy prometedores. Como economía orientada a la exportación, el país depende de los tratados con Estados Unidos. La intensificación del comercio ha permitido que México se convierta en la undécima mayor economía del mundo. El partido de izquierdas Morena que está en el poder intenta poner freno a la corrupción y los numerosos movimientos que luchan por la justicia social siguen dando voz a los marginados.

La guerra mexicana contra la droga

La guerra mexicana contra la droga es un conflicto en curso entre el Gobierno y varios cárteles de la droga. El conflicto empezó en 2006, cuando el entonces presidente Felipe Calderón lanzó un ataque mortal al enviar al ejército al estado costero de Michoacán. Desde entonces, decenas de miles de soldados se han desplegado en muchas ciudades de todo el país (con una importante financiación de Estados Unidos). Se calcula que más de 200 000 mexicanos –incluidos políticos, estudiantes y periodistas– han muerto en este fuego cruzado, además de miles de «desaparecidos».

La
LEYENDA
de
LA MALINCHE

La Malinche es una de las figuras más controvertidas de la historia mexicana. Recordada como la traductora del conquistador Hernán Cortés, colaboró estrechamente con este durante la conquista del Imperio azteca. Malinalli (su nombre original) nació hacia 1500 en el seno de una familia azteca, pero fue vendida como esclava a una edad temprana y creció entre los mayas. En 1519 fue entregada, junto a otras 19 muchachas esclavas, a Hernán Cortés. Como el traductor de Cortés solo hablaba yucateco, La Malinche resultó útil como traductora entre el idioma náhuatl de los aztecas y el yucateco. Además, muy pronto aprendió español y se convirtió en la única traductora y consejera política del conquistador. Después del colapso del Imperio azteca, La Malinche dio a luz al hijo de Cortés, que se convirtió en el primer mestizo legalmente reconocido de México (p. 38).

En los siglos transcurridos desde su muerte, la leyenda de La Malinche no ha parado de crecer. Para algunos, es culpable por haber traicionado a su propia gente al ayudar a Cortés a derrocar el Imperio azteca. En la actualidad, el término peyorativo malinchismo se utiliza para describir la atracción por otras culturas y el desprecio de la propia. Para otros, en cambio, es la madre de las razas mestizas de México, una mujer que subió en la jerarquía e hizo de intermediaria entre culturas. Algunos afirman, incluso, que la conquista hubiera sido más sangrienta de no haber sido por ella.

En la década de 1960 los movimientos feministas empezaron a reivindicar la imagen de La Malinche. Consideraban que había sido un chivo expiatorio y que su persecución era consecuencia de una sociedad machista. En cualquier caso, tanto si se la ve como una víctima de las circunstancias como una gran traidora o como una figura insigne del México moderno, no hay duda del poder de su leyenda.

La Sociedad Mexicana

La sociedad mexicana es tan rica y diversa como su geografía. La numerosa población indígena del país está formada por muchos grupos distintos –incluidos los descendientes de los aztecas y los mayas–, cada uno con sus propias tradiciones, idiomas y creencias espirituales. Con el tiempo, los españoles, los africanos y otras comunidades procedentes de todo el mundo se han integrado en el entramado cultural mexicano, creando una sociedad multicultural que hace que el país sea único. Y ¿cuál es la columna vertebral de esta sociedad? Para la mayoría de los mexicanos es la familia. Los fuertes lazos familiares –muchas veces vinculados a unas creencias católicas igual de firmes– constituyen la base del país, ya que generan un sentido de comunidad y proporcionan apoyo en los buenos y los malos tiempos.

Las Gentes De México

El corazón de México es su gente. Aquí, los grupos indígenas mantienen sus tradiciones. Los que tienen ascendencia hispano-indígena celebran su legado diverso y las diferentes comunidades enriquecen con sus costumbres el rico entramado cultural mexicano.

México es un país multicultural con numerosas comunidades, entre ellas varios pueblos indígenas, como los mixtecas, los zapotecas y los nahuas, que viven en estas tierras desde hace miles de años. Actualmente, muchos mexicanos son de ascendencia mixta indígena, española y africana, y se consideran a sí mismos mestizos. Sin embargo, el país también ha recibido a otras comunidades, incluidos grupos de árabes, judíos y chinos.

El impacto del desarrollo

El desarrollo y la modernización de México se han producido muchas veces en detrimento de los pueblos indígenas, que han perdido sus tierras, el acceso a los recursos naturales y algunas piezas sagradas de su historia. Un ejemplo de ello es el crecimiento rápido y descontrolado de la zona de Tulum, en la península de Yucatán. El aumento de la demanda de viviendas de lujo en esta popular ciudad playera hizo que en 2022 se expulsara de sus casas a unos 12 000 indígenas.

EL MÉXICO INDÍGENA

Los grupos indígenas mexicanos descienden de los primeros pueblos que habitaron Norteamérica hace milenios y cada uno de ellos tiene su propia lengua y cultura (p. 55). Antiguamente, existieron cientos de comunidades indígenas distintas en México, pero los conflictos y las enfermedades que llegaron con los españoles, más la discriminación estructural posterior, redujeron en gran medida esas cifras (p. 38). A pesar de que en la actualidad solo sobreviven menos de 70 grupos, México tiene la mayor población indígena de América del Norte, con más de 25 millones de habitantes originarios.

Estas comunidades viven principalmente en el sur del país: los estados de Chiapas y Oaxaca, por ejemplo, acogen a grandes grupos de mixtecas y zapotecas, mientras que las áreas más rurales de la península de Yucatán son el hogar de varias comunidades de lengua maya (esta zona fue en su tiempo una parte muy importante de esta civilización). Otros grupos, como los otomí, los totonacas, los tzotziles, los huastecos y los nahuas, viven por todo el país. Los

Derecha Una mujer de la comunidad indígena zapoteca en el pueblo de Santa Ana del Valle, Oaxaca

nahuas son el mayor grupo indígena mexicano y sus comunidades más grandes se encuentran en la Sierra Norte de Puebla, la altiplanicie central y la costa del golfo.

Muchas comunidades indígenas siguen fieles al legado y las tradiciones de sus antepasados y visten *huipiles* (vestidos de uso diario tejidos a mano), se dedican a la agricultura, practican religiones politeístas o hablan lenguas indígenas. Los totonacos, por ejemplo, han conservado su idioma y muchas de sus costumbres tradicionales, incluida la danza de los Voladores *(p. 72)*. Otros grupos muestran su legado a través de la artesanía tradicional, como la elegante joyería de los mixtecas o los textiles de los zapotecas.

LOS DESAFÍOS PARA LOS INDÍGENAS

En México, muchas veces se presiona a los pueblos indígenas para que se adapten, ya sea vistiéndose más a la occidental, practicando el catolicismo o hablando castellano en lugar de sus propias lenguas. En la década de 1990, la aparición del Ejército Zapatista de Liberación Nacional proporcionó una plataforma para hablar de los derechos de los indígenas, pero los cambios han llegado con lentitud y las comunidades indígenas, que son mayoritariamente rurales, suelen enfrentarse a problemas como la pobreza y el acceso a la educación y la sanidad *(p. 24)*.

Como punto positivo, en 2011 se modificó la Constitución mexicana para que los tratados de derechos humanos internacionales formaran parte de la legislación mexicana; gracias a ello, las comunidades indígenas han adquirido el derecho a realizar campañas contra las injusticias. Esto ha permitido que pueblos como los choréachi ganen batallas judiciales sobre la propiedad de sus tierras ancestrales, lo que supuso un hito muy importante para los derechos indígenas.

LOS MESTIZOS

Los mestizos, es decir, las personas de ascendencia mixta indígena y europea, constituyen la mayoría de la población mexicana. Históricamente, los miembros de este grupo eran de religión católica y tenían trabajos cualificados *(p. 38)*, pero se enfrentaban a prejuicios, debido a su ascendencia indígena, y no podían ascender en la escala social.

Tras la Revolución mexicana *(p. 40)*, las actitudes cambiaron. En un intento por crear una nacionalidad mexicana unida, quienes estaban en el poder empezaron a celebrar los aspectos tanto indígenas como europeos del patrimonio cultural mexicano. Esto se consiguió en parte gracias al concepto de indigenismo, que reconocía el papel de los pueblos indígenas en la historia y el legado mexicano. Esta idea se popularizó rápidamente, sobre todo entre los artistas jóvenes. Los muralistas, en particular, empezaron a incorporar figuras, historias y acontecimientos mesoamericanos en

Arriba Santa María la Ribera, un ejemplo de arquitectura de influencia árabe en México

Izquierda Un hombre totonaco vestido con el traje de los Voladores

sus obras *(p. 162)*. Sin embargo, a pesar de este cambio cultural, los escalafones más altos de la sociedad siguieron estando dominados por los mexicanos de piel más clara –una tendencia que continúa en la actualidad–.

LA TERCERA RAÍZ

Alrededor del 2 % de los mexicanos pertenece a la comunidad afromexicana, cuyos orígenes se remontan a la época colonial *(p. 38)*. Este grupo, que se concentra en los estados de Guerrero, Veracruz y Oaxaca, y en sus inmediaciones, ha luchado durante mucho tiempo por su reconocimiento, a pesar de su gran contribución al país durante la Revolución mexicana, cuando un batallón afromexicano combatió con Emiliano Zapata. Los afromexicanos también han enriquecido la cultura del país con su música y sus bailes. *La Bamba,* una canción tradicional mexicana, tiene raíces africanas, al igual que la folclórica danza de los Diablos, que se representa el Día de Muertos.

No fue hasta 1992 cuando el Gobierno mexicano empezó a reconocer esta contribución a través del proyecto Tercera Raíz, que se centraba en la influencia de los afromexicanos en la historia, la cultura y la moderna sociedad mexicanas. Tras ello, en 2015, un censo nacional preliminar por fin incluyó la opción «negro» como una de sus identidades elegibles, lo que reconocía oficialmente por primera vez a los descendientes de africanos.

EL MÉXICO MULTICULTURAL

Distintas comunidades de inmigrantes han influido en la cultura y las costumbres del país, entre ellos numerosos grupos de árabes procedentes de los actuales Líbano y Siria. Este colectivo llegó a las ciudades portuarias de Veracruz, Tampico y Progreso en los siglos XIX y XX en busca de libertad religiosa y oportunidades económicas. Aunque sigue minoritaria, esta comunidad ha tenido un gran impacto en México y ha influido en muchos aspectos, como la arquitectura, donde la estética árabe es visible en edificios como el de Santa María la Ribera.

En el mismo periodo también llegaron numerosos inmigrantes chinos como mano de obra. Se asentaron en ciudades como Mexicali, en Baja California, cuya cocina, artesanía y celebraciones se han visto influenciadas por este grupo, como el Festival de Año Nuevo chino. Hoy en día, esta comunidad sigue creciendo, en parte gracias a la instalación de empresas chinas en ciudades como Ciudad Juárez.

La cultura mexicana también se ha enriquecido por su comunidad judía. Los judíos de Oriente Próximo llegaron en el siglo XIX, y durante la Segunda Guerra Mundial les siguieron los judíos askenazis del este de Europa, muchos de los cuales se establecieron en Ciudad de México. Se calcula que 40.000 judíos viven en México; en la capital hay restaurantes judíos que venden fusiones judeo-mexicanas, como sándwiches de salmón con aguacate y pico de gallo.

Leyendas indígenas

A lo largo de la historia, los pueblos indígenas han creado mitos y leyendas para entender el mundo y el lugar que ocupaban en él. Estas historias constituyen una gran riqueza y siguen siendo una parte fundamental de las identidades indígenas.

Los mitos y los relatos ayudan a las comunidades indígenas mexicanas a comprender el origen del cosmos, los ritmos de la naturaleza y los grandes cambios de la historia. Estos mitos, que incluyen un complejo sistema de creencias, describen un olimpo de deidades y figuras veneradas, pero también se usan para transmitir la sabiduría cotidiana acumulada a lo largo

de los años. Muchos de los pueblos indígenas de México se basaban en la tradición oral y las historias eran transmitidas de generación en generación, muchas veces por los chamanes.

HISTORIAS COMPARTIDAS

A medida que las historias mexicanas sobre el origen del mundo se han traducido y transmitido a lo largo de los siglos y las civilizaciones, se han modificado, reelaborado y transformado. Esto significa que las historias que se cuentan actualmente son fusiones de numerosos relatos más antiguos, en los que hay un elenco cambiante de animales, dioses y figuras. Se sabe muy poco sobre los primeros mitos de los olmecas, pero los jaguares y las serpientes ocupaban un lugar muy destacado en su iconografía. Las civilizaciones mesoamericanas posteriores reinventaron estos iconos. Los aztecas, por ejemplo, adoraban a una serpiente emplumada llamada Quetzalcóatl, un personaje que aparece con mucha frecuencia en sus historias sobre el origen del mundo.

Los relatos han ido cambiando y evolucionando con las conquistas y las invasiones, y los antiguos dioses han sido absorbidos por el folclore de las civilizaciones vencedoras. Cuando el Imperio azteca se expandió hacia el sur para ocupar territorios mayas, también se transmitieron sus

Izquierda Una vasija en la que se representa a un dios maya del maíz

Arriba Una descripción maya de la creación de un hombre a partir del maíz

dioses, por lo que Quetzalcóatl se convirtió en el dios maya Kukulcán. La figura de la inundación también es muy importante en las historias de los indígenas, lo que ha llevado a especular sobre la incorporación del imaginario bíblico en la mitología mesoamericana.

HISTORIAS SOBRE EL MAÍZ

Como elemento central tanto de la dieta como del folclore mesoamericano, el maíz aparece con mucha frecuencia en la mitología de la región. Los mayas adoraban a un dios del maíz y creían que el hombre había sido creado con esta planta. La primera parte del Popol Vuh, el texto sagrado que contiene la historia del pueblo quiché (una civilización de origen maya que surgió en la actual Guatemala),

Culturas orales

En las sociedades orales, la narración de las historias suele ser una actividad colaborativa, en la que participan tanto los oyentes como el narrador. Los mayas, por ejemplo, solían referirse a la tradición oral con la palabra *tsikbal*, que podría traducirse como «conversación respetuosa». Mantener esta tradición oral viva es fundamental para la educación indígena actual, que puede diferir bastante de los modelos educativos occidentales. Los maestros mayas yucatecas se aseguran de que sus alumnos participen activamente en las clases y sus lecciones se asemejan más a diálogos que a las típicas disertaciones de un profesor.

Arriba Unos
bailarines sostienen
una representación
del dios Quetzalcóatl

Derecha La Luna
sobre el desierto:
los aztecas veían
en ella el reflejo
de un conejo

escrito en 1505, describe el origen de esta
comunidad. Tepeu, el dios de los cielos, y
Gucamatz, el dios de los mares, crearon a
los humanos después de tres intentos y
solo lo consiguieron cuando añadieron
maíz amarillo para hacer la carne y maíz
rojo para formar la sangre.

Según una leyenda de los rarámuris,
en el principio del mundo, el Sol y la
Luna eran dos niños pequeños vestidos
con hojas de maguey, que vivían solos en
una casita. Onorúame, el dios Sol, quiso
que tuvieran compañía, así que peló
varias mazorcas de maíz para crear al
hombre y con tres soplos le dio la vida.
Luego creó a la mujer y sopló cuatro
veces sobre ella para asegurarse de que
tuviera la fuerza adicional necesaria para

dar a luz. En la actualidad, la primera
pareja rarámuri está simbolizada por la
cinta de dos extremos que los hombres
llevan en la cabeza: un extremo
representa a la mujer y el otro al hombre.

LAS CONEXIONES NATURALES

Las historias no se usaban solo para
explicar el origen de los humanos, también
creaban vínculos con el mundo natural.
Los aztecas, por ejemplo, creían que en la
Luna había una silueta de conejo. Según
una leyenda, Quetzalcóatl bajó a la Tierra
en forma humana para explorar el mundo
que había ayudado a crear, y mientras
recorría Anáhuac, el corazón del México
azteca, empezó a tener mucha hambre.

Una noche, un conejo le ofreció hierba para comer, pero el dios la rechazó ya que, según le explicó, no comía hierba. Así que el conejo se ofreció a sí mismo como alimento, para que Quetzalcóatl recuperara sus fuerzas. El dios, conmovido, decidió llevar al conejo de viaje para que viera de cerca la Luna. Cuando el animal volvió a la Tierra, su reflejo quedó marcado en la Luna, como último regalo de Quetzalcóatl para agradecer la generosidad de la criatura.

Otros grupos indígenas también usan los mitos para entender los fenómenos naturales. Para explicar el origen de la lluvia, el pueblo yaqui de Sonora cree que una grave sequía provocó una sed extrema en sus pueblos. Para resolver el problema, el chamán logró la ayuda del dios de la lluvia, Yuku, y luego recurrió al obediente sapo Bobok, que ideó un plan con el que trajo de nuevo la lluvia a la tierra sedienta.

LAS NARRACIONES ACTUALES

Estos mitos, y miles más como ellos, siguen circulando en la actualidad, reforzando las relaciones entre las comunidades y creando vínculos entre los indígenas modernos y sus antepasados.

Los huicholes son un pequeño grupo que vive en el oeste de México, en las montañas de Sierra Madre. Este pueblo ha conservado numerosas tradiciones orales y es uno de los pocos cuyas historias no están influidas por la teología católica. En su hábitat rural, siguen realizando ceremonias para celebrar el paso de las estaciones y sus chamanes usan las historias para llevar a *kupuri,* es decir, la fuerza de la vida, a las almas de las personas.

Estas historias también tienen una importante función política, que se remonta a los tiempos de la conquista española. Para centralizar y reforzar las narrativas europeas, los españoles eliminaron los sistemas de escritura indígenas y destruyeron los testimonios escritos. Ante esta destrucción, las historias orales se convirtieron en un medio clave para preservar el pasado y compartir la sabiduría de estos pueblos. Los grupos indígenas siguen recurriendo a la tradición oral para recuperar su historia, refutar las narrativas coloniales y llamar la atención sobre los problemas medioambientales. Enseñar estas historias es fundamental para la educación indígena y en estados como Oaxaca las comunidades hacen grandes esfuerzos para asegurarse de que los jóvenes conozcan su patrimonio cultural. Estas historias encierran siglos de conocimientos que pueden ayudar a afrontar las complejidades del mundo moderno.

Lenguas

El español es el idioma mayoritario en México; no obstante, el país cuenta con una rica variedad lingüística, ya que existen numerosas lenguas regionales habladas por diversos grupos indígenas.

El español es uno de los idiomas más hablados en el mundo, con unos 500 millones de hablantes. Una buena parte de ellos están en México, que es el mayor país hispanohablante, aunque los mexicanos lo hablan de una forma muy característica.

EL ESPAÑOL DE MÉXICO

Los pueblos indígenas mexicanos entraron en contacto con el español porque era el idioma de los conquistadores. En la actualidad, el español mexicano es una vibrante combinación de influencias regionales, con cinco grandes dialectos: el español de la Baja California, el del norte, el central, el costero y el del sur. Aunque el idioma viene de Europa, el español mexicano es muy distinto del que se habla en España.

Esta diferencia se nota en la pronunciación, ya que en México se sesea; por ejemplo, la palabra gracias se pronuncia «grasias». Además, un español que visite México se quedará desconcertado ante la abundante jerga popular que los

Arriba Una tienda de Cuetzalan (Puebla), con indicaciones en español mexicanos usan a diario («¡A huevo!» en México es una expresión que significa «¡Claro que sí!»).

EL ALBUR

Las diferencias no acaban aquí. Si se combina el gusto mexicano por la jerga con la incomodidad, alimentada por el catolicismo, para hablar de temas sexuales, el resultado es el albur, o juego de palabras. Hay pocas frases en México a las que no se pueda dar un doble sentido sexual. Es usual que en una conversación mexicana entre amigos haya carcajadas (el uso del albur es inapropiado entre la familia). Los objetos con características fálicas, como los chiles, suelen usarse para generar dobles sentidos –lo que da un significado totalmente nuevo a la frase «¿Te gusta el chile?»–. Algunos sugieren que estos juegos de palabras surgieron como una forma de entretenimiento en las minas del centro de México, mientras que otros creen que hay que buscar sus raíces en los indígenas, que de este modo subvertían el idioma que se les estaba imponiendo. En todo caso, el albur es un recordatorio de la tradicional inventiva lingüística mexicana.

LENGUAS INDÍGENAS

A pesar de su predominio, el español es un idioma relativamente moderno en México. Antes de su llegada en el siglo XVI, los diferentes grupos indígenas se comunicaban usando unas 500 lenguas distintas. En la actualidad, esa cifra se ha reducido a aproximadamente 280 y unos 8 millones de personas hablan uno o más de estos idiomas indígenas, muchos de ellos como hablantes nativos. Las lenguas más comunes son el náhuatl, cuyos 1,4 millones de hablantes viven en Veracruz, Hidalgo y Puebla; el maya yucateco, de la península de Yucatán, con unos 750 000 hablantes; y el mixteco, que se habla en el sureste por medio millón de personas.

Sin embargo, estas lenguas están en peligro. Se prevé que aproximadamente el 60 % desaparecerán en el próximo siglo como el ayapaneco de Tabasco, que solo es comprensible para un pequeño grupo de personas. Esto se debe en parte a décadas de actitudes y políticas discriminatorias, que prohibían la enseñanza de idiomas distintos al español en la escuela, y también a los efectos de la emigración. Los hablantes más jóvenes están cada vez más motivados para aprender inglés para asegurarse una vida mejor en lugares como Estados Unidos.

Desde principios de la década de 2000 se ha intentado evitar esta pérdida. En 2003 se aprobó la Ley General de Derechos Lingüísticos de los Pueblos Indígenas, que reconoce 68 lenguas indígenas oficiales y las nombra lenguas nacionales por su origen histórico. Estos esfuerzos son cruciales, ya que los idiomas son mucho más que un medio para comunicarse: son transmisores de creencias, historias e identidades.

Protección popular

Además de los esfuerzos gubernamentales, también ha habido varias iniciativas populares encaminadas a proteger las lenguas indígenas: compilación de diccionarios por parte de hablantes locales, creación de aplicaciones e incluso clases gratuitas. Por otra parte, cada vez hay más contenido creativo disponible, como colecciones de poesías en los idiomas maternos de los autores, por ejemplo, las de Mikeas Sánchez (una hablante de zoque), o las historias indígenas animadas de *68 voces, 68 corazones*, cada una de las cuales está narrada en una lengua indígena.

Hablado en **Baja California**, el kiliwa (o koleeu ñaja') forma parte de la rama de lenguas yumanas y es una de las lenguas que están más en peligro de todo México. Aunque rara vez se escribe, en 2006 se publicó un diccionario de español-kiliwa.

EN EL MAPA

LENGUAS INDÍGENAS

Alrededor de un 6 % de la población mexicana habla una de las 250 lenguas indígenas que hay en el país. Algunas de estas lenguas son habladas por cientos de miles de personas, mientras que otras solo tienen unos pocos hablantes. Este es un pequeño resumen de la variedad lingüística indígena de México.

El seri (o cmiique iitom) es una de las pocas lenguas indígenas que no tienen un vínculo directo con los grupos lingüísticos existentes y se le considera una lengua aislada. Lo hablan menos de 1000 personas en solo dos remotos pueblos del estado de **Sonora**: Desemboque y Punta Chueca.

Hablado por 140 000 personas en **Oaxaca**, el mixe (o ayuujk) engloba al menos seis variantes distintas. El mixe tiene su propia aplicación de aprendizaje, Kumoontun, y la emisora de radio indígena XEGLO emite programas en esta lengua.

En peligro de extinción, el ayapenaco de **Tabasco** solo lo hablan dos docenas de personas. Sin embargo, hay diversas iniciativas para revivirlo, como clases gratuitas para los jóvenes en Jalpa de Méndez, Tabasco.

Hablado en el estado de **Chiapas,** el tsotsil (también conocido como tzotzil o bats'i k'op) es una de las lenguas regionales más interesantes de México. No solo existen varios grupos de *rock* que cantan en tsotsil, como Yibel, Sak Tzevul (en la imagen) y Vayijel, sino que además es una de las pocas lenguas indígenas en las que ha habido un repunte reciente del número de hablantes.

El totonaco es una de las lenguas oficialmente reconocidas de México e incluye diversos dialectos y variantes diferenciados, pero relacionados, como el totonaco de Papantla y el de Yecuatla. En la actualidad lo hablan unas 200 000 personas, muchas de ellas en **Veracruz.** También hay hablantes en los estados vecinos de Puebla e Hidalgo.

Lazos familiares

La familia es la base de la sociedad mexicana y tanto los padres como los hermanos, los abuelos, los primos y los tíos juegan un papel importante. Además, aunque las estructuras domésticas van cambiando, la familia es lo primero.

En México, y en gran parte de América Latina, se da mucha importancia al familismo, es decir, la dedicación a la familia. Pasar mucho tiempo juntos, buscar o dar consejos y dar apoyo en momentos de dificultad son aspectos que forman parte de la vida cotidiana.

LA UNIDAD FAMILIAR

Hasta principios del siglo XX, una familia típica mexicana estaba formada por una madre, un padre y entre 10 y 15 hijos. Este número tan grande de niños se debía en parte a las creencias católicas, que animaban a las parejas a procrear. Las unidades familiares extensas también eran habituales, sobre todo en las zonas rurales, donde los abuelos, los tíos y los primos solían vivir bajo el mismo techo o en el mismo barrio. Este entramado de relaciones intergeneracionales guarda una estrecha relación con las estructuras familiares históricas de Mesoamérica. En la sociedad azteca, por ejemplo, las familias vivían muchas veces en ambientes compartidos y los niños eran criados colectivamente por los miembros femeninos de la comunidad.

Al igual que ha ocurrido en el resto del mundo, la urbanización ha tenido un gran impacto en la sociedad mexicana y el coste creciente de la vida y las viviendas más pequeñas han acabado generando unas familias más reducidas. De todas maneras, sigue siendo habitual que las relaciones sean muy estrechas en el seno de la familia gracias, en parte, al sólido sistema de apoyo que ofrece –una ventaja crucial en un país que ha carecido de servicios sociales–.

LOS ROLES FAMILIARES

Tradicionalmente, en las familias mexicanas ha existido una estricta división de papeles. Esto enlaza también con las estructuras familiares mesoamericanas y católicas, que en ambos casos eran patriarcales y reforzaban unos roles de género muy estrictos. Hasta hoy, las familias suelen estar dominadas por el padre, que es visto como el jefe de familia indiscutible. Él es el que mantiene a la familia y la protege, además del que impone la disciplina familiar. Estos roles están indisolublemente relacionados con la idea del machismo, según la cual los hombres tienen que ser individuos fuertes, seguros de sí mismos y dominantes y deben reprimir todo tipo de sentimientos, ya que estos son vistos como cualidades femeninas.

A las mujeres, por su parte, se las asocia con la idea del marianismo, que remite a los ideales católicos relacionados con la Virgen María. Según este concepto, las mujeres son sumisas y abnegadas, sobre

Arriba a la derecha Un abuelo con sus nietos

Derecha Mujeres preparando el desayuno en Oaxaca

todo por lo que se refiere a la familia. Por ello, no es de extrañar que en la mayoría de las familias mexicanas la madre se encargue tradicionalmente de las tareas domésticas, por ejemplo, de cocinar, limpiar y criar a los hijos. Sin embargo, aunque este rol materno limita la independencia de las mujeres –tanto social como económicamente–, también conlleva un inmenso poder. Los deberes de una madre son un componente esencial del funcionamiento del hogar y la mayoría de los mexicanos siguen sintiendo un gran respeto por su madre y sus abuelas, que son vistas como unas figuras indiscutibles.

LOS VALORES FAMILIARES

No solo las abuelas ocupan un lugar destacado en la familia. Los ancianos, en

HISTORIAS DE MÉXICO

Me crié en una familia de seis miembros, formada por mis padres, mis tres hermanos y yo. Mis hermanos y yo solíamos jugar todo el tiempo, sobre todo mi hermano más pequeño y yo —solo tiene dos años menos—. Mi hermano mayor y mi hermana se llaman exactamente igual que nuestros padres. Yo fui el primero que tuvo un nombre distinto y creo que eso me ha dado una identidad un poco más independiente.

Todos fuimos a la misma escuela. Se trataba de una escuela católica en la que mi madre era maestra. Mi padre trabajaba en una empresa petroquímica y solo lo veíamos por las noches. Solíamos visitar a mi abuela todos los fines de semana. Tenía casi 100 años y vivía a tres horas de nuestra casa. En la época de la universidad, pasaba casi todas mis vacaciones con ella. Le gustaba mucho mi poesía y siempre me daba consejos sobre la vida y las relaciones.

Carlos José Pérez Sámano, Colorado, Estados Unidos

general, gozan de una gran consideración. Ellos son los poseedores de una sabiduría ancestral y sus experiencias vitales se tratan con veneración. Los familiares más viejos suelen adoptar el papel de consejeros de la familia y los miembros más jóvenes les suelen consultar todo tipo de cuestiones. En las familias multigeneracionales actuales, muchos abuelos y familiares mayores participan también en la crianza de los niños. Esta relación de cuidados es posteriormente recíproca. En México sigue siendo habitual que las familias cuiden de los ancianos, en lugar de dejar esta responsabilidad en manos de un centro asistencial. Esto se debe en parte a los fuertes lazos que existen entre los miembros de la familia, pero también por la falta de atención por parte del Estado.

Arriba Varias generaciones de una familia de Oaxaca

Derecha Una familia contempla un desfile delante de su casa

La preocupación por los costes también lleva a algunas familias a adoptar una forma de vida más austera. La ropa y los juguetes suelen pasar de los hijos mayores a los pequeños, por ejemplo, aunque este deseo también está ligado a los valores familiares de compartir. Esto se extiende a la noción de herencia. Conservar las propiedades en el seno de la familia es visto como algo muy importante por muchos mexicanos, así que en el país no hay un impuesto de sucesiones.

Otro valor familiar perenne es la importancia de pasar tiempo juntos. En muchas familias mexicanas, por ejemplo, los domingos son un día familiar. Incluso para aquellos que no se reúnen con la familia en la iglesia, el último día de la semana está reservado a las grandes reuniones familiares. La sobremesa (p. 94) suele ser una parte muy importante de estos encuentros y en ellos los distintos miembros se ponen al día de las vidas de los demás y piden consejo en caso de necesitarlo. También es el momento en el que se toman decisiones familiares importantes.

DINÁMICAS CAMBIANTES

El tiempo avanza inexorablemente y las unidades familiares mexicanas van evolucionando. Las migraciones globales, el mayor acceso a la educación y las oportunidades laborales hacen que las familias a veces estén separadas. Cada vez hay más mujeres que trabajan fuera de casa y más hombres que asumen labores domésticas. Algunos aplazan la decisión de formar una familia, en gran medida por el coste de la vida y las dificultades de acceder a una vivienda. Otros optan por vivir fuera de las estructuras familiares tradicionales, como las parejas de hecho, las familias LGTBIQ+ o las que vuelven a casarse tras un divorcio.

De todos modos, aunque las familias puedan parecer distintas en el siglo XXI, la fuerza de la unidad familiar se mantiene, como lo ha hecho durante siglos. La base de la familia puede estar cambiando, pero una cosa es segura: los valores familiares no desaparecen en la sociedad mexicana.

REMEDIOS CASEROS

Cuando alguien se siente enfermo en México suele acudir a su abuela. Las abuelas mexicanas son conocidas por su habilidad para elaborar en un momento remedios caseros eficaces. Muchos de estos tratamientos se han transmitido a través de generaciones y han pasado de abuelas a hijas y a nietas. La mayoría también son baratos y fáciles de preparar, ya que se hacen con unos pocos ingredientes que se compran en el mercado local.

Hay remedios para infinidad de pequeñas dolencias, desde el uso de aloe vera para ayudar a curar los cortes hasta las infusiones de flor de buganvilla con miel y lima para prevenir la gripe. No se trata de viejas supersticiones, muchas de estas panaceas tienen una base médica. Por ejemplo, a las personas con gastritis se les da un trozo de patata cruda con agua, ya que el almidón de la planta puede ayudar a contrarrestar la acidez de estómago.

Algunos de estos remedios son más modernos, como aplicar *VapoRub* en el pecho y el cuello en caso de resfriado, pero muchos otros se remontan a los antiguos conocimientos medicinales de los indígenas. Los aztecas, por ejemplo, tenían conocimientos profundos sobre las propiedades curativas de muchas plantas, tal como se muestra en el *Códice de la Cruz-Badiano*. Escrito por un curandero azteca en el siglo XVI, este manuscrito ilustrado detalla una gran cantidad de tratamientos a base de hierbas. Algunos de estos conocimientos ancestrales se han transmitido hasta la actualidad y dejan una cosa muy clara: las abuelas son las que más saben.

RELIGIÓN Y ESPIRITUALIDAD

La religión y la espiritualidad ocupan un lugar central en la vida cotidiana de los mexicanos. En muchos lugares, las creencias católicas se han entrelazado con las indígenas, dando lugar a un sincretismo religioso típicamente mexicano.

México es, sin lugar a duda, un país católico, ya que más del 80 % de la población se considera seguidora de esta fe. El rico simbolismo católico y sus rituales son la base de la actividad religiosa mexicana y los principales acontecimientos de la vida están marcados por la iglesia y las festividades religiosas que se celebran periódicamente. Sin embargo, el catolicismo mexicano está muy influido y se ha mezclado mucho con la espiritualidad indígena, que se remonta a los dioses mesoamericanos y más atrás.

LAS CREENCIAS MESOAMERICANAS

Aunque cada civilización mesoamericana, como los olmecas, los mayas o los aztecas *(p. 36)*, tenía sus propias prácticas y rituales religiosos, también había similitudes. Todos eran politeístas y adoraban un conjunto de divinidades, muchas de las cuales estaban relacionadas con el mundo natural. Para los aztecas, dos de los dioses más importantes eran Huitzilopochtli, el dios del sol (y la guerra), que era representado como un colibrí o como un águila, y Tlaloc, el dios de la lluvia, el agua y la fertilidad de la tierra. Su importancia se apoyaba en el hecho de que tanto la agricultura como la guerra eran aspectos centrales de la cultura y la economía aztecas. Los dioses mayas también estaban relacionados con los fenómenos naturales y existían varias deidades para el fuego, el rayo y el viento.

LA IMPORTANCIA DE LOS SACRIFICIOS

Los sacerdotes tenían un papel muy importante en muchas de estas sociedades y solían ocupar posiciones de alto rango. Además de ser estudiosos, astrónomos y adivinos, proporcionaban el vínculo entre las personas y los dioses, y eran los encargados de celebrar los rituales con los que se apaciguaba a estos últimos. Muchas veces, esto implicaba la realización de sacrificios, que se consideraban necesarios para garantizar el bienestar general de la sociedad. Según estos grupos, la sangre contenía una potente fuerza vital con la que se invocaban las bendiciones divinas. Los aztecas, por ejemplo, llevaban a cabo rituales para asegurarse de que el sol siguiera saliendo y que las cosechas continuaran creciendo.

Los sacrificios incluían desde la quema de incienso y las ofrendas de comida hasta actos mucho más sangrientos, como arrancar corazones de seres humanos vivos.

Derecha Un chamán moderno realiza un ritual en Ciudad de México

LOS DIOSES MAYAS

Itzamná
Era la más importante de las deidades mayas. Dios del fuego, creó la Tierra y gobernaba los cielos.

Kukulcán
Este dios con forma de serpiente emplumada, muchas veces descrito como un dragón, era considerado un creador y era el responsable de la lluvia y el viento.

Bolon Dzacab
Los gobernantes mayas solían llevar un cetro con la forma de este dios. Estaba relacionado con la agricultura.

Chaac
Este dios se representaba con un hacha en forma de rayo que usaba para golpear las nubes y provocar tormentas.

Para los aztecas, la guerra contra los grupos vecinos proporcionaba cautivos cuya sangre purificaba templos y daba poder a dioses como Huitzilopochtli. Sin embargo, los rituales más comunes eran los actos de autosacrificio, como el ayuno y la sangría. Los gobernantes mayas practicaban públicamente este tipo de rituales, que incluían perforarse la lengua o los genitales; eran muestras de valor y devoción por el bien del pueblo.

LA LLEGADA DEL CATOLICISMO

Cuando los españoles llegaron a México en el siglo XVI, trajeron consigo una ferviente creencia en el catolicismo y la voluntad de difundir su fe. Los primeros años de esta religión en México, durante la época colonial española, estuvieron marcados por las conversiones forzosas y la violencia religiosa, pero ahora la Iglesia católica es un elemento de unión. Esto se debe, en parte, a que, con el tiempo, las creencias indígenas se han fusionado con la fe católica. En ningún lugar se ve mejor que en la santa patrona de la nación, la Virgen de Guadalupe.

Según una leyenda, la imagen de esta Virgen de piel morena se le apareció en 1531 a Juan Diego, un hombre indígena convertido al cristianismo. Diego vio la figura milagrosa cuando pasaba por Tepeyac, la colina que según los aztecas pertenecía a la diosa madre Tonantzin. Así que habló con el obispo católico local para que construyera un santuario en ese lugar, pero este no quiso. Más tarde, la Virgen se le apareció de nuevo a Juan Diego y le pidió que llevara al obispo flores de la colina como prueba. Cuando Juan Diego volvió con las flores en la capa, la imagen de la Virgen apareció en la prenda, lo que convenció al obispo para crear la basílica de Santa María de Guadalupe *(p. 68)*. El hecho de que la

Virgen María se pareciera a la población indígena y de que el lugar en el que apareció tuviera una tradición azteca conmovió a la población local y fue crucial para que el catolicismo arraigara en México. Aunque actualmente algunos miran con suspicacia este acontecimiento, no se puede negar la devoción que existe en todo el país por la Virgen de Guadalupe. Para muchos, se la venera por sus vínculos con la espiritualidad indígena; además, es considerada la madre de todos los mexicanos.

LA MEZCLA DE CREENCIAS

Actualmente, el catolicismo es la religión predominante en México y, para muchos mexicanos, las prácticas y los rituales católicos son una parte intrínseca de su vida diaria. Los creyentes practican su fe yendo a misa semanalmente. Además, suelen tener altares con imágenes de santos en sus

Arriba Una iglesia
llena de feligreses

Izquierda Imagen
de la Virgen de
Guadalupe

casas. Los principales acontecimientos de la vida están vinculados a la iglesia, desde el bautismo y la primera comunión hasta la confirmación y el matrimonio, y para los creyentes, los meses del año están marcados por el ciclo constante de las festividades católicas, como la Semana Santa y el Corpus Christi.

Sin embargo, sigue habiendo un lugar para las creencias indígenas. Muchos católicos de toda la vida, por ejemplo, tienen respeto por los espíritus indígenas de la naturaleza. Estos incluyen a los *ehecame* (vientos), que se cree que afectan al sistema nervioso, y a los *nahuales*, los espíritus guardianes de las personas, que son el *alter ego* del alma humana. Cuando se está enfermo, lo habitual es rezar a un santo católico y acudir también a un curandero local. Estos individuos respetados –que

abordan la sanación desde la creencia indígena de que las dolencias tienen una causa y una cura espiritual– recurren a todo, desde el incienso y las hierbas hasta los baños rituales y el sacrificio de animales (por ejemplo, pollos), para restaurar la salud de sus pacientes.

La fusión de estos sistemas de creencias alcanza su punto álgido todos los años con la fiesta del Día de Muertos *(p. 190)*, cuando muchas personas, mayoritariamente católicas, ofrecen comida a sus parientes fallecidos. Durante esta celebración, las ideas cristianas del cielo y el infierno eternos conviven con las creencias más antiguas de los indígenas, que veían la vida y la muerte de una forma más cíclica. Este es uno de los muchos ejemplos de cómo en México la religión combina elementos católicos e indígenas, ayudando a crear un colorido entramado espiritual.

IGLESIAS

México cuenta con innumerables iglesias, que son un símbolo de la profunda fe católica de sus habitantes. Sin embargo, en muchas de ellas pueden verse elementos de las creencias indígenas, como una pirámide histórica que se vislumbra debajo de una iglesia católica, tallas inspiradas en la naturaleza que decoran el interior de las iglesias; o rituales mayas que se siguen celebrando entre muros sagrados.

IGLESIA DE SAN JUAN PARANGARICUTIRO

En febrero de 1943, el Paricutín, el volcán más joven del mundo, empezó a cubrir de lava todos sus alrededores. El pueblo entero de Parangaricutiro fue sepultado pero, sorprendentemente, su iglesia quedó prácticamente intacta, lo que fue considerado un acto de Dios. Al año siguiente la lava fue cubriendo gran parte de la iglesia, pero nunca llegó a tocar el altar o el campanario. Este último, que sigue en pie y visible por encima de la iglesia semienterrada, es un símbolo de la fuerza y la resistencia locales.

BASÍLICA DE SANTA MARÍA DE GUADALUPE

Esta moderna basílica, con forma de carpa, situada en Ciudad de México, se construyó a mediados de la década de 1970 para reemplazar la venerada basílica anterior, cuya integridad estructural se había visto afectada por los sucesivos terremotos. El edificio acoge uno de los objetos sagrados más importantes del país: una tilma (manto) de 500 años de antigüedad marcado con la imagen de la Virgen de Guadalupe (p. 66), que se cree que es una manifestación de la Virgen. Cada año, más de 20 millones de personas peregrinan hasta aquí para rendir homenaje a la Virgen, lo que hace que esta iglesia sea una de las más visitadas del mundo.

IGLESIA DE NUESTRA SEÑORA DE LOS REMEDIOS

Vigilada de cerca por el Popocatépetl, esta iglesia de color amarillo, situada en Puebla, fue construida por los españoles en el siglo XVI en lo alto de la enorme pirámide de Tlachihualtépetl de los aztecas. Además de por su llamativo tono, esta iglesia neoclásica destaca por sus intricados azulejos de Talavera y sus bóvedas doradas.

IGLESIA DE SAN JUAN CHAMULA

Chiapas es famoso por su feroz resistencia a la colonización, al gobierno y a la influencia católica. Así que no es de extrañar que este estado mexicano acoja una iglesia que es más conocida por sus ritos indígenas que por sus rituales católicos. Aquí no hay bancos o cura; en lugar de ello, los feligreses se sientan sobre agujas de pino esparcidas por el suelo y encienden velas multicolores, mientras los curanderos realizan rituales tradicionales mayas en la lengua tzotzil local. Este es un ejemplo muy potente de la vitalidad de las creencias indígenas.

IGLESIA DE SANTA MARÍA DE TONANTZINTLA

Esta iglesia de Cholula muestra bellamente el sincretismo religioso mexicano. Fue erigida por monjes franciscanos a finales del siglo XVIII, que colaboraron con artistas indígenas para diseñar y decorar la iglesia. El resultado es una mezcla de estilos indígenas y europeos (p. 160). Cada centímetro de las paredes del santuario está decorado con elementos, como flores locales, aves autóctonas y frutas y verduras regionales, así como ángeles y querubines.

1 Iglesia de San Juan Parangaricutiro en Michoacán

2 El tejado azul de la basílica de Santa María de Guadalupe, con la antigua iglesia delante

3 Iglesia de Nuestra Señora de los Remedios, con el Popocatépetl elevándose detrás

4 Iglesia de San Juan de Chamula en Chiapas

5 La iglesia de Santa María de Tonantzintla, en Cholula

RITUALES INDÍGENAS

Transmitidos de generación en generación, los rituales indígenas son un elemento perdurable del rico legado cultural mexicano. Muchas tradiciones refuerzan una razón de ser colectiva y las ceremonias implican normalmente la colaboración y coordinación de los miembros de la comunidad. Este mapa recoge varias de las prácticas rituales indígenas que se siguen celebrando en México.

El 12 de marzo la población de habla náhuatl de Santiago Xalitzintla, en el estado de **Puebla**, celebra un ritual con siglos de antigüedad para honrar al volcán Popocatépetl. Ese día la comunidad reza oraciones y hace ofrendas de flores al volcán con la esperanza de que este se siga mostrando clemente y no entre en erupción.

En septiembre los habitantes de Tepoztlán, en **Morelos**, recuerdan el legado del rey Tepoztécatl, el último *tlatoani* (gobernante) de la zona. La celebración incluye una representación del bautismo de Tepoztécatl y su posterior encuentro con gobernantes contrarios para que se convirtieran al catolicismo.

Catemaco, en **Veracruz**, es famoso por sus vibrantes tradiciones chamánicas. Los nuevos sanadores mezclan las antiguas prácticas indígenas con rituales católicos y creencias afromexicanas, como el vudú, para celebrar ceremonias en las que tratan las dolencias físicas y los trastornos emocionales.

En la **península de Yucatán** (p. 11) muchas comunidades de origen maya creen en la existencia de los aluxes, unos pequeños seres mágicos que son considerados los guardianes de la naturaleza. En ocasiones, se realizan rituales para buscar su consentimiento para entrar en un cenote o sembrar los campos. Los chamanes crean altares, queman incienso y rezan oraciones.

En marzo los habitantes de Ixtaczoquitlán, en **Veracruz**, conmemoran el xochitlali, un ritual para venerar a la Madre Tierra y pedirle una buena cosecha. Los participantes adornan un altar al aire libre con caña de azúcar, flores, maíz, café, velas y cerveza.

Los
VOLADORES

Los totonacos, en Veracruz, son famosos por la danza de los Voladores, un ritual de fertilidad milenario de origen mesoamericano. En este espectáculo sagrado, los Voladores escalan un poste de 30 m de alto con ayuda de una cuerda que tienen atada a la cintura. Cuando llegan a lo alto, empiezan a dar vueltas y a enrollar las cuerdas alrededor del poste. Al final, descienden cabeza abajo, describiendo espirales mientras se acercan al suelo y las cuerdas se van desenrollando.

Aunque, en general, se considera que los totonacos son los continuadores de esta tradición, el ritual tiene un profundo significado espiritual y cultural para numerosos grupos indígenas de todo México y gran parte de América Central. Según una leyenda, la primera danza fue una petición urgente al dios de la lluvia, Xipe, durante un grave periodo de sequía, hace varios siglos. En la actualidad, este ritual de fertilidad se celebra en torno a periodos agrícolas clave, como las épocas de la siembra y la cosecha, y con motivo de acontecimientos cósmicos como los solsticios y los equinoccios. Curiosamente, en otro ejemplo de sincretismo religioso mexicano, también se celebra con motivo de algunas fiestas patronales católicas, como el Día de la Virgen de Guadalupe (p. 200).

La danza está llena de simbolismo. Los cuatro bailarines representan los elementos, la tierra, el aire, el fuego y el agua, mientras que el quinto Volador, que permanece sentado en lo alto del poste durante todo el ritual, se supone que es el sol. Los bailarines dan 52 vueltas alrededor del poste durante su descenso, lo que representa el número de años que componen el ciclo de un Gran Año Maya. Las vistosas prendas bordadas y los elaborados tocados de los bailarines son simbólicos: imitan el plumaje de las aves autóctonas, lo que remite a los relatos mayas sobre la creación.

México y Estados Unidos

Con 48 pasos fronterizos y un flujo incesante de personas, culturas y mercancías entre ambos países, Estados Unidos y México están unidos por un intercambio constante. Además, a lo largo de la historia, sus fortunas han estado estrechamente relacionadas.

La frontera entre Tijuana, en el noroeste de México, y San Ysidro, en California, está considerado como el paso fronterizo más transitado del mundo. De hecho, se ha convertido en un complejo símbolo de la migración entre México y Estados Unidos en un momento en el que los debates políticos tienden a distorsionar la complicada y fascinante relación entre los dos países. Unos 11 millones de mexicanos viven al norte de la frontera, lo que los convierte en la mayor población inmigrante de Estados Unidos, y su influencia se deja sentir en el idioma, la política, la comida, el arte y la arquitectura.

LAS PRIMERAS MIGRACIONES

La relación entre ambos países empezó antes de que Estados Unidos existiera en su forma actual, ya que numerosos estados de este país formaban parte inicialmente de México. Texas se independizó de este último en 1836 y no se convirtió en el 28.º estado de Estados Unidos hasta 1845, mientras que California pasó de México a Estados Unidos en 1847, tras el final de la guerra mexicano-estadounidense. El Museo de Campo de Cahuenga, en el valle de San Fernando, en Los Ángeles, recuerda el lugar en el que se firmó la declaración que puso fin a dicho conflicto.

En el siglo XX los mexicanos empezaron a trasladarse a Estados Unidos en gran número, debido a la inestabilidad política del país, causada por la Revolución mexicana, y a la pujanza del sector agrícola en los estados del suroeste de Estados Unidos. Tras la Gran Depresión, en la década de 1930, los inmigrantes rurales se dirigieron a las ciudades estadounidenses en busca de trabajo. Esto exacerbó los conflictos raciales, que seguirían a lo largo de todo el siglo XX y que hicieron que los inmigrantes se enfrentaran a una hostilidad y un desempleo crecientes.

Estas oleadas migratorias han hecho que el suroeste de Estados Unidos albergue una numerosa población chicana, es decir, habitantes de origen mexicano nacidos en territorio estadounidense. El término chicano se usó durante mucho tiempo como un insulto dirigido contra los inmigrantes mexicanos, hasta que estos se lo apropiaron en la década de 1940. Desde entonces se ha convertido en una importante seña identitaria y cultural para los estadounidenses que reivindican su legado hispano. El Movimiento Chicano de las décadas de 1950 y 1960 fue una poderosa campaña antirracista, que pretendía empoderar a los mexicanos

Arriba a la derecha Un grupo de personas cruza la frontera desde México hasta El Paso, en Texas

Nací en la ciudad fronteriza de Tijuana, en México, y vine a Estados Unidos cuando tenía siete años. En mi primer año de vida en Estados Unidos, mis hermanos, mi padre y yo viajábamos a Tijuana todos los viernes para ver a mi madre y a mis otros cuatro hermanos, que se habían quedado allí. A pesar de formar parte de una gran familia con profundas raíces en México, sentía que no conocía mucho sobre mi cultura y siempre tuve cierta curiosidad por saber más sobre el país en el que había nacido.

Más tarde, en mis años en la universidad, fui a estudiar a Ciudad de México gracias a un programa de intercambio. En esa época, viajé sola por todo México y llegué hasta Veracruz y la selva de Chiapas. También cogí un autobús nocturno para ir a las playas de San Pancho, en Nayarit, para relajarme durante las vacaciones de primavera.

Estas experiencias me hicieron ver que formaba parte del país en el que había nacido, pero también me ayudaron a comprender que era estadounidense, ya que a lo largo de mis años de escolarización y vida en Estados Unidos, adopté unos valores que son típicos de la cultura estadounidense. Puede decirse que estas vivencias han hecho que me dé cuenta de que tengo una identidad profundamente dual.

Mónica Galván, San Diego, EE. UU.

de Estados Unidos. Gracias en parte a los esfuerzos del Movimiento Chicano y a un cambio más generalizado en la opinión pública tras la Segunda Guerra Mundial (muchos mexicanos combatieron en ese conflicto), los estadounidenses mexicanos y sus descendientes empezaron a ser considerados una parte esencial de la sociedad estadounidense.

LOS GRANDES CENTROS MEXICANOS

Los hispanos han tenido un papel muy importante en el crecimiento de la población de Estados Unidos, ya que entre 2010 y 2020 han supuesto el 50 % del crecimiento demográfico de dicho país. En la actualidad, casi el 60 % de los inmigrantes mexicanos de Estados Unidos viven en los estados fronterizos de California y Texas, y algunas ciudades de estos estados (como Los Ángeles, que cuenta con la mayor población mexicana fuera de México) son donde más se ve la influencia de la cultura mexicana. Cientos de miles de personas cruzan la frontera a diario para trabajar, ver a la familia y los amigos o para ir al colegio.

Esta numerosa población hace que las personas de raíces mexicanas tengan un gran peso económico en Estados Unidos. Existen, por ejemplo, casi 5 millones de negocios propiedad de hispanos, que contribuyen cada año con más de 800 000 millones de dólares a la economía estadounidense y que emplean a cientos de miles de trabajadores. Por otra parte, México depende desde hace mucho tiempo de su vecino del norte tanto para las importaciones como para las exportaciones, pero en 2023 se convirtió además en el primer socio comercial de este país, lo que pone de manifiesto la reciprocidad de estas relaciones económicas. En 2020 el T-MEC (Acuerdo entre Estados Unidos, México y Canadá) sustituyó al TLCAN (Tratado de Libre Comercio de América del Norte) con el propósito de fomentar el flujo comercial y mantener los estrechos vínculos económicos entre México y sus poderosos vecinos del norte.

LA INFLUENCIA CULTURAL

Más allá de la economía, los mexicanos siguen teniendo una enorme influencia cultural al otro lado de la frontera. Sin embargo, hablar de una única cultura mexicano-estadounidense no hace justicia a la diversidad de la población mexicana; hay una gran variedad de gentes distintas y una multitud de cocinas, historias y comunidades.

En Texas, por ejemplo, el término «texano» hace referencia a los

descendientes de las primeras familias españolas, mexicanas e indígenas que vivieron en la frontera texana, pero también a los modernos texanos de origen mexicano. Su influencia cultural en el estado es muy profunda: muchos clásicos tex-mex *(p. 101)* deben su existencia a los cocineros mexicanos pioneros de la ciudad de San Antonio, mientras que el 64 % de la población tiene ancestros hispanos. La influencia mexicana en la ciudad también puede verse en las celebraciones. Por ejemplo, el 5 de Mayo y el Día de la Independencia de México (16 de septiembre) son tan importantes para la vida de la ciudad como el 4 de Julio (fiesta nacional estadounidense).

Al igual que San Antonio, Los Ángeles tiene desde hace mucho tiempo una floreciente cultura mexicana. La animada calle Olvera, en el centro histórico de la ciudad, la famosa Mariachi Plaza y el Chicano Resource Center (CRC) son lugares de encuentro de la comunidad mexicana

Izquierda Elote, que se compra en puestos callejeros, es igual de popular en Los Ángeles que en México

Arriba La frontera entre Tijuana y San Ysidro

de la ciudad, mientras que los populares supermercados Vallarta (fundados en la ciudad por mexicanos en la década de 1980) venden una gran variedad de artículos latinoamericanos, desde productos horneados hasta tortillas y café.

MIRANDO AL FUTURO

A pesar del número considerable de mexicanos y descendientes de mexicanos que viven en Estados Unidos, estas comunidades siguen teniendo escasa representación en la política estatal y federal, y los políticos populistas siguen dividiendo a la gente, sembrando el miedo y restando importancia a la contribución mexicana a la sociedad estadounidense. En los próximos años, se prevé un aumento de la inmigración, por lo que la cooperación será esencial para las sociedades y las economías de ambos países.

La cultura *lowrider*

La gran población mexicana de Española, en Nuevo México, hace años que se expresa a través de la cultura *lowrider*. A partir de la década de 1940, los jóvenes chicanos empezaron a tunear sus coches, bajando las carrocerías y pintándolas con símbolos indígenas o figuras religiosas. El objetivo de los *lowriders* es pasearse lentamente por la ciudad, mostrando los vivos colores y las hábiles modificaciones que han introducido en sus vehículos (que incluyen sistemas hidráulicos para hacer que estos «reboten»). En la actualidad, los *lowriders* siguen recorriendo las calles, como un recordatorio de la autonomía y el orgullo de los estadounidenses mexicanos.

GASTRONOMÍA MEXICANA

Los sabores de México son populares más allá de sus fronteras. Los tacos, las enchiladas y el mole pueden encontrarse en menús de todo el mundo, mientras que el tequila es una bebida imprescindible en numerosos bares. Sin embargo, la cocina mexicana es mucho más que estos platos y bebidas emblemáticos, gracias en gran parte a la gran variedad de sus ingredientes, como el agave, el maíz o los frijoles. Las recetas tradicionales regionales también juegan un papel importante y se transmiten con cariño de generación en generación. Por tanto no es ninguna sorpresa que la comida y la bebida sean una parte esencial de la vida cotidiana de los mexicanos, a los que les encanta, por ejemplo, comprar un *antojito* en algún puesto de un mercado callejero, pasar un tiempo con la familia compartiendo una comida casera o degustar un buen tequila en una cantina tradicional.

Recetario Mexicano

Tacos, fajitas y frijoles: estos básicos de la cocina mexicana
son famosos y apreciados en todo el mundo. No es de extrañar
que la cocina mexicana haya sido reconocida por la Unesco
como Patrimonio Cultural Inmaterial de la Humanidad.

La cocina mexicana es conocida en todo
el mundo, pero ¿qué hace que sea tan
inconfundible y tenga tanta popularidad? Su éxito se basa en unos buenos
ingredientes, una mezcla de sabores y un
toque de genialidad culinaria.

EL MAÍZ Y EL PAÍS
Los primeros agricultores mesoamericanos empezaron a trabajar las fértiles
tierras del país hace unos 10 000 años
para producir una serie de ingredientes
esenciales que transformarían la cocina
tanto dentro como fuera de las fronteras

mexicanas. El más importante de estos
ingredientes fue el maíz. En México,
como dice el refrán, sin maíz no hay país.

Hace unos 12 000 años, los granjeros
indígenas mexicanos desarrollaron un
complejo proceso de nixtamalización, por
el que los granos de maíz se cocían y se
sumergían en una solución alcalina.
Gracias a ello, la capa exterior del grano
de maíz podía pelarse y era mucho más
fácil de moler para crear una masa. Ya sea
rellena con diferentes verduras o carnes,
hervida para preparar lo que se conoce
como tamal o cocinada como tortilla, esta

Arriba Trabajadores del campo cosechando maíz

Arriba a la izquierda Atardecer sobre unos campos de maíz en el estado de Zacatecas

masa es quizá el elemento esencial más reconocible de la cocina mexicana.

LOS INGREDIENTES CLAVE

Junto con el maíz, los antiguos agricultores cultivaban calabazas y frijoles, en una práctica conocida como la milpa, o «las tres hermanas», una técnica pensada para maximizar la eficiencia de las cosechas, que se sigue empleando actualmente. El tallo del maíz sirve de soporte para el crecimiento de la planta trepadora del frijol, esta añade nitrógeno al suelo y la calabaza proporciona sombra y reduce la pérdida de humedad. Este trío –maíz, calabaza y frijol– sigue siendo básico para la dieta mexicana.

Otros ingredientes esenciales cultivados por los antiguos mexicanos y que se siguen usando en las cocinas modernas son una variedad de cactus, que en México se conocen como nopal, y los tomates, que son originarios de América del Sur, pero que fueron domesticados en México en 500 a. C. Los aztecas también cultivaban una gran variedad de frutas, como la guayaba, la papaya y el mamey, una especie de aguacate dulce con una pulpa rojiza-rosácea, y el higo chumbo.

Las comunidades indígenas solían asar o cocer sus verduras, y al igual que sus descendientes actuales, a los antiguos aztecas les gustaba mezclar los ingredientes para preparar salsas y condimentos para sus platos. Muchas de

Arriba Preparando tortillas en un mercado de Jalisco

Arriba a la derecha Un vendedor de frijoles y maíz repone sus existencias en un mercado de Chiapas

esas hierbas, semillas y especias se siguen usando en las cocinas de todo el mundo e incluyen la canela, el cilantro, las hojas de aguacate, la vainilla, el cacao y, por supuesto, toda clase de chiles.

CARNES Y PROTEÍNA

Los ricos paisajes mexicanos y las técnicas agrícolas pioneras hicieron que las antiguas culturas del país tendieran a ser mayoritariamente vegetarianas. La poca carne que consumían procedía de los animales salvajes que cazaban, como venados, conejos y pavos. Para el aporte de proteínas, los aztecas del Valle de México también recolectaban y se comían una especie de camarón de agua dulce llamado acocil, además de las algas que crecían en los lagos locales, gusanos de maguey, hormigas y grillos, unos productos que todavía se pueden encontrar en los grandes mercados del centro de México y en Oaxaca. Actualmente, los insectos son uno de los ingredientes más caros y buscados de los mercados mexicanos, como lo demuestran las chicatanas (unas hormigas grandes y con alas), que alcanzan unos precios muy elevados y se usan para preparar distintas salsas. Una nueva generación de chefs está

VARIEDADES REGIONALES

En un país tan grande como México, es inevitable que se preparen distintos platos con estos ingredientes básicos. La diversidad de cosechas del país se debe en gran medida a la gran variedad de climas: mediterráneo y semiárido en el norte, templado y subtropical en el centro y tropical en el sur. Al igual que la mayoría de los ingredientes usados en México, los chiles varían mucho en función del clima, el suelo y la orografía de la región en la que se cultivan (p. 90). Debido a ello, las salsas en las que se usan también difieren de una zona a otra.

En México, es habitual hablar de nueve cocinas regionales distintas. En el norte, la sólida tradición ranchera ha hecho que la carne de res sea esencial y la región es especialmente conocida por los asados. En las regiones costeras de Baja California, la cocina suele girar en torno al marisco, y los tacos de camarón (gambas) son uno de los platos más típicos. La península de Yucatán se encuentra entre el mar Caribe y el golfo de México; esta ubicación ha influido mucho en sus sabores. Aquí, la fuerte tradición maya, combinada con las influencias caribeñas y del Oriente Próximo, ha hecho que el chile habanero se use como condimento en numerosos platos, y se consumen muchas frutas locales, como el tamarindo, el mamey y las naranjas.

incorporando los insectos en sus menús como una manera de explorar la tradición culinaria mexicana.

Con la llegada de los conquistadores se introdujo el cerdo, la ternera, el cordero, la cabra y el pollo, que actualmente se consumen a diario en todo el país. De todos modos, los antiguos métodos siguen predominando y las técnicas y los sabores se remontan a las culturas indígenas. Un buen ejemplo de ello es la cochinita pibil, un sabroso cerdo desmenuzado típico de la península de Yucatán. Originariamente, los antiguos mayas preparaban el plato usando jabalí o venado y lo cocinaban en un pib, una especie de horno cavado en tierra, de donde viene el nombre pibil. Actualmente, la carne se suele cocinar a la barbacoa, pero el proceso se parece mucho al que se usaba hace siglos.

Las tortillas son un elemento habitual en las cocinas de todo el país, pero

HISTORIAS DE MÉXICO

Me llamo Arturo Sosa y soy un chef originario de Oaxaca, aunque actualmente vivo en Ciudad de México. Mi pasión por la cocina empezó a una edad muy temprana. Recuerdo haber estado rodeado siempre de buena comida: en la ciudad de Oaxaca siempre se le ha dado mucha importancia a cocinar, comer bien y tener unos buenos ingredientes. Es parte de su cultura.

Cuando era joven, la cocina mexicana no tenía tanto renombre internacional como hoy. Así que una de las razones por las que decidí hacerme cocinero fue precisamente porque vi que la cocina mexicana tenía un enorme potencial de crecimiento.

Cuando cocino, me gusta crear platos usando ingredientes de temporada. Trato de incorporar técnicas ancestrales, como el uso de moles, que son típicos de mi estado de origen, Oaxaca. Y también exploro diferentes regiones de México y de América Latina.

Para mí, hacer cocina mexicana es una especie de ritual, ya que muchos platos, como el mole y los chiles en nogada, incorporan una larga lista de ingredientes y son complicados de elaborar.

Arturo Sosa, Ciudad de México

también varían de una región a otra. En el México más húmedo del centro y el sur, el maíz es muy abundante, así que casi todas las tortillas están hechas de maíz. Sin embargo, en el norte de México, donde el clima es mucho más seco, el trigo es el cultivo dominante, así que los mexicanos de esta zona suelen comer tortillas de harina de trigo.

LOS RETOS MODERNOS

Aunque muchos de los ingredientes y las prácticas agrícolas tradicionales de México siguen en uso, hoy se ven amenazados por el cambio climático. El elevado calor en el estado de Tabasco, por ejemplo, se ha traducido en un aumento de las infecciones de la planta del cacao, que es otro ingrediente esencial mexicano *(p. 104)*. Según las peores previsiones, México podría perder hasta un 80 % de sus fértiles tierras de cultivo a finales de este siglo. El cambio climático no es el único factor en juego: la pérdida de los conocimientos agrícolas ancestrales está afectando gravemente a la gestión de las plantaciones mexicanas, lo que provoca una reducción de las cosechas y escasez de alimentos en algunas regiones.

El incremento global del uso del aceite de palma industrial también amenaza los paisajes agrícolas mexicanos. Se calcula que entre 2014 y 2019 se perdieron unas 5400 hectáreas de bosques y selvas debido a la expansión de la producción del aceite de palma en las áreas de Chiapas, Campeche, Tabasco y Veracruz. Los manglares mexicanos *(p. 14)* también están amenazados.

Mientras tanto, muchas de las tortillerías del país han pasado de preparar tortillas hechas con el maíz nixtamalizado tradicional a ofrecer versiones más baratas y rápidas hechas

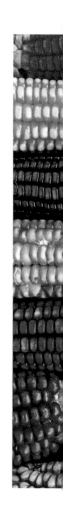

Arriba a la izquierda
El maíz tradicional mexicano tiene una gran variedad de colores

Arriba a la derecha
Tacos de pescado

con maíz importado de peor calidad. Las importaciones de maíz mexicanas suelen consistir básicamente en maíz blanco producido industrialmente, lo que amenaza las variedades tradicionales de color, que van del rosa claro al dorado e incluso al azul oscuro. Los granjeros llevan generaciones cultivando estas variedades autóctonas y, por suerte, ahora han encontrado un mercado gracias a los consumidores y cocineros que buscan productos biológicos de pequeños agricultores. Los políticos, por su parte, hace años que presionan para

que se prohíba totalmente la importación de maíz modificado genéticamente de Estados Unidos. El acuerdo comercial que lo permite genera miles de millones de dólares y ha cambiado la manera de comer de los mexicanos.

A pesar de estas amenazas muy reales a la producción alimentaria mexicana, los ingredientes tradicionales siguen siendo la esencia de la cocina del país. Muchos de los mejores platos mexicanos se siguen preparando con cariño, usando técnicas e ingredientes que se perfeccionaron hace miles de años.

Platos tradicionales

De los favoritos en todo el mundo, como los tacos, a las recetas patrióticas, como los chiles en nogada, en México hay una gran variedad de platos, muchos de los cuales hace siglos que se cocinan. Algunos de ellos se comen a diario, mientras que otros solo se preparan en ocasiones especiales, pero todos son deliciosos.

TACOS

Los tacos mexicanos se preparan a partir de una tortilla blanda (a diferencia de sus equivalentes estadounidenses, que son duros), en la que luego se meten unos sabrosos rellenos. Hay muchísimas maneras de llenar un taco, por ejemplo, con cerdo adobado en zumo de piña (tacos al pastor) o con pescado fresco (tacos de pescado). Esta deliciosa tortilla de maíz enrollada, que casi todos los vendedores callejeros de comida y los mercados ofrecen, es uno de los alimentos más habituales de los mexicanos.

TAMALES

Esta especie de empanada de maíz, que se prepara agregando varios rellenos a la masa y cocinándola luego al vapor, envuelta en las hojas de las mazorcas, es una de las estrellas de la cocina mexicana desde hace mucho tiempo. Los guerreros y cazadores del Imperio tolteca, que existió entre los siglos X y XII, llevaban tamales en sus viajes.

CHILAQUILES

Este sencillo plato es una muestra de la aversión de los mexicanos a desperdiciar comida, ya que permite aprovechar las tortillas sobrantes. Lo que se hace es dorarlas en aceite y luego cocerlas a fuego lento con salsa chile (normalmente también sobrante) hasta que se reblandecen. A pesar de que significa «agua de chile» en el idioma náhuatl de los aztecas, los chilaquiles no siempre son picantes, todo depende de lo fuerte que sea el chile y de la cantidad que se use.

CHILES EN NOGADA

Los chiles en nogada tienen los colores de la bandera mexicana y son probablemente el plato más patriótico del país. Para prepararlo se utilizan chiles poblanos verdes, que se fríen, se rellenan con picadillo (una mezcla de carne picada, especias y frutas) y después se bañan con una salsa cremosa blanca a base de nueces y se cubren con granos rojos de granada. Se dice que este plato, creado por unas monjas de Puebla, se sirvió por primera vez al general del ejército mexicano Agustín de Iturbide, tras la firma del tratado que acordó la independencia de México.

MOLE

A menudo servida con carne asada y arroz, esta salsa espesa y rica tiene un sinfín de variantes y se suele usar como adobo. Normalmente incorpora chiles, frutos secos y semillas, pero las recetas pueden variar mucho de una región a otra. Oaxaca, por ejemplo, es conocida como la tierra de los siete moles, y entre ellos se encuentra el exquisito mole negro, que contiene ciruelas y chocolate.

1 Un vendedor callejero preparando una ración de tacos en Ciudad de México

2 Hojas de mazorcas de maíz rellenas listas para servir

3 Un plato de deliciosos chilaquiles

4 Un plato de chiles en nogada

5 Varios tipos de mole a la venta en un mercado de la ciudad de Oaxaca

1

2

3

4

5

Mole
Negro

Mole
Rojo

POZOLE

Cuando los mexicanos vuelven a casa el Día de la Independencia o por Navidad, siempre hay una olla de humeante pozole esperándoles. Normalmente hay tres variedades (rojo, blanco y verde) y se sirve con diversas guarniciones, como salsa, rábanos o lima. Este guiso se prepara con cerdo, maíz nixtamalizado molido (p. 81), ajo y chiles, y antiguamente tuvo un ingrediente sorprendente: la carne humana. En la época del Imperio azteca, los gobernantes de lengua náhuatl celebraban la fiesta de Tlacaxipehualiztli tomando pozole preparado con la carne de prisioneros humanos sacrificados, para dar gracias por la cosecha.

HUITLACOCHE

Los pedacitos de color azul negruzco con aspecto de hongo de esta exquisitez son, en realidad, granos de maíz local. El maíz se infecta con *Ustilago maydis,* un hongo patógeno que le da un rico sabor umami. Aunque en Norteamérica es visto como una plaga, el maíz infectado con este hongo es muy apreciado en México desde la época de los aztecas y es considerado mucho más valioso que el maíz sano. Este maíz se suele servir en quesadillas, sopas y tacos e incluso se puede comprar envasado en las tiendas de alimentación mexicanas.

ESQUITES

Este rico aperitivo, cuyo nombre deriva de la palabra náhuatl *ízquitl,* que significa maíz tostado, tiene siglos de tradición, ya que de una forma u otra se remonta al Imperio azteca, pero su popularidad no parece disminuir. Un vaso de granos de maíz cocidos, servidos con mayonesa, lima, nata, chile en polvo y queso Cotija, nunca puede faltar en un mercado de comida mexicano y normalmente se come por la calle. A veces se conoce con el nombre de elote en vaso (el elote es el maíz tierno).

FLAN

En los populares restaurantes mexicanos de comida corrida (que sirven menús económicos), normalmente solo hay un postre: un flan de fantástica textura recubierto de caramelo. Este postre, que llegó con los españoles en el siglo XVI, es uno de los favoritos de los mexicanos. Los cocineros locales lo han hecho suyo al añadir sabores como el coco, el café o la miel a la receta clásica del flan de huevo y leche, que se cuece o se cocina al baño maría en moldes redondos y luego se enfría antes de servirse.

PESCADO ZARANDEADO

La tarjeta de visita culinaria del estado de Nayarit es este plato de pescado ahumado, que es ideal para alimentar a grandes grupos familiares. Su origen se remonta al pueblo mesoamericano de los totorames, que inventaron un método para asar, usando leña procedente de los manglares tropicales, que daba más sabor. En la actualidad, se siguen cocinando a la plancha grandes pescados blancos, que luego se cubren con una salsa que varía de un cocinero a otro, pero que siempre incluye mayonesa y mostaza, y que finalmente se dejan dorar sobre las brasas en una cocina de leña. La influencia china en la costa oeste de México ha hecho que la salsa de soja sea un acompañamiento popular para el pescado.

6 Un plato de sabroso pozole rojo

7 Maíz infectado por el hongo *Ustilago maydis,* conocido también como carbón del maíz

8 Esquites servidos en un mercado callejero

9 Flanes en un mercado alimentario

10 Pescado zarandeado, acompañado de cebolla roja, listo para compartir

EN EL MAPA

CHILES

Enchilar –condimentar con chile–
es una práctica habitual en México,
el país con más variedad de chiles
(guindillas) de todo el mundo.
Aquí, la pregunta «¿Pica?» siempre
se responde con una mentira: «¡No!».
En México los chiles de todas las
formas y tamaños se utilizan en
los tacos, los dulces e incluso
en el champú. También se emplean
para curar las infecciones de oído,
mantener a raya las malas energías
y aliviar la gastritis. Estas son
algunas de las más de 60 variedades
domesticadas y centenares de
especies de chiles criollos
(autóctonos) de México.

El chile de árbol es una variedad delgada, de
color rojo oscuro y muy picante, que se usa
popularmente en aceites de chile mexicanos
y que se cree que surgió en Los Altos de Jalisco,
en el estado de **Jalisco.**

El chilhuacle (o huacle) es fundamental para uno
de los platos principales de la cocina mexicana: el
mole negro (una salsa picante de color chocolate
oscuro). Cultivado sobre todo en **Oaxaca**, este
chile suavemente afrutado es muy caro y suele
sustituirse por el chile guajillo.

Pequeño pero potente, el diminuto chile esférico chiltepín lo usan los habitantes de la región mexicana de **Huasteca** y el pueblo rarámuri para protegerse del mal y ayudar a curar los problemas y dolores musculares, la fiebre, los moretones y las heridas. También se suele añadir al marisco.

Supuestamente traído desde Cuba por los colonizadores españoles –de ahí su nombre–, el chile habanero se originó en realidad en América del Sur. En la actualidad, la variante que se cultiva en la península de **Yucatán** *(p. 11)* es el chile más picante de México y se usa para condimentar la cochinita pibil (un cerdo asado muy especiado), las salsas muy picantes y muchos otros platos.

Conocidos como chipotles cuando se secan, los jalapeños se cultivan tradicionalmente en Xalapa, **Veracruz** y –en su forma tradicional– están en peligro de extinción. Son quizá los chiles mexicanos más conocidos y se usan en todo el mundo.

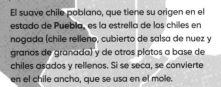

El suave chile poblano, que tiene su origen en el estado de **Puebla,** es la estrella de los chiles en nogada (chile relleno, cubierto de salsa de nuez y granos de granada) y de otros platos a base de chiles asados y rellenos. Si se seca, se convierte en el chile ancho, que se usa en el mole.

CULTURA GASTRONÓMICA

El cómo, el cuándo y el dónde se come en México son
igual de importantes que el propio plato, ya se trate
de un almuerzo largo y reposado sentado alrededor de
la mesa o de un sabroso taco degustado en la calle.

En México, la comida es la base de todos
los aspectos de la vida: no hay nada que
no pueda solucionarse con un rápido
antojito (tentempié o aperitivo).
De hecho, es costumbre ofrecer
panecillos para calmar los nervios.
Mucho antes de empezar a comer, ya se
ha dedicado mucho tiempo a adquirir
los productos, prepararlos o simplemente a hablar de la comida.

LOS MERCADOS

La cultura gastronómica mexicana
empieza en el mercado municipal local o
en los tianguis (mercadillos ambulantes
al aire libre). Los puestos –que aquí
tienen su origen en los grandes
tianquiztli, o antiguos mercados, de los
aztecas– se desplazan de barrio en barrio
a lo largo de la semana, para dar servicio
al máximo número posible de habitantes.
Su llegada suele ir acompañada de una
cacofonía inconfundible: vendedores que
anuncian sus mercancías, grandes
altavoces en los que resuenan los últimos
éxitos musicales y clientes que regatean
por mejores precios.

Cuando se compra comida, lo habitual
es empezar aquí y elegir las frutas y las
verduras que se necesitan –tomates y
aguacates, que son originarios de México,

chayotes (un tipo de calabazas),
pequeños mangos Ataúlfo, chiles, palas
de nopal comestibles...– para luego ir a la
carnicería y la tortillería cercanas y
acabar en la panadería.

Los mexicanos también compran en
las grandes tiendas y supermercados
modernos y recurren a los servicios de
entrega a domicilio, pero el hecho de
mantener una buena relación con los

Los mercados de los aztecas

Casi todos los pueblos y ciudades del
Imperio azteca tenían su propio mercado
de alimentos. La mayoría de las
mercancías se transportaban en canoa y
se compraban o se intercambiaban
usando granos de cacao como moneda.
En estos mercados se podía encontrar
una variedad increíble de productos:
pieles de animales, dientes de tiburón,
caucho, carbón vegetal, aceitunas,
calabazas, hojas de cactus y
cacahuetes, así como ropa e
instrumentos musicales. El gran mercado
de Tlatelolco, en la antigua ciudad de
Tenochtitlán, se celebraba a diario y se
calcula que atraía a unas 60 000
personas los días de mayor actividad.

Derecha Venta de frutas y verduras
en un mercado de Tlacolula

vendedores locales no solo permite ahorrar dinero (a veces, el vendedor da como propina un pequeño regalo o pilón), sino que también ayuda a mantener los lazos comunitarios en un país que se está modernizando rápidamente (p. 26). Además, según se dice, uno no es verdaderamente mexicano hasta que a final de año el vendedor local de tortillas, carne o fruta no le regala un calendario con su nombre o marca. Estos obsequios son todo un honor.

LAS COMIDAS FAMILIARES

La comida es importante en la cultura mexicana, pero, posiblemente, la familia lo es aún más (p. 58). Por ello, hay pocas cosas que las familias mexicanas aprecien más que cocinar y comer juntos. Las familias mexicanas les gusta invitar a comer a amigos y familiares. Estas comidas suelen ser muy copiosas y los invitados nunca se presentan con las manos vacías.

Las comidas familiares suelen empezar con una larga preparación en grupo, durante la cual se transmiten a las

nuevas generaciones las recetas tradicionales de la familia. Esto es especialmente cierto en el caso de los platos complicados como el mole (p. 86), que suelen ser un secreto familiar muy bien guardado. Luego están las tradicionales tamaladas (reuniones para comer tamales) de la época invernal. Las familias suelen reservarse tardes enteras para preparar una gran cantidad de tamales (p. 86) que después se comparten.

Especialmente en el norte, las carnes asadas o barbacoas suelen ser grandes e informales reuniones familiares en la que unos se ocupan de asar la carne, mientras que otros cortan verduras, preparan guacamole con un molcajete (un mortero grande) y reparten cervezas frías. En las comidas más formales, como la de Navidad, la mesa se suele engalanar, los comensales se visten con más elegancia y se sirven varios platos.

LA SOBREMESA

La familia y los amigos permanecen sentados a la mesa mucho tiempo después de haber acabado de comer para platicar (charlar). La sobremesa tiene su origen en la cultura española, pero es un concepto que ha sido asimilado y transformado por los mexicanos. Para estos, es un momento muy importante, después de comer, en el que los comensales se ponen al día, cotillean, discuten, fuman y toman un café, un tequila o un mezcal, o dos, para finalizar la comida.

Algo fundamental es que la sobremesa no tiene un límite de tiempo. Cuando se sale a comer fuera no hay ninguna prisa por echar a los comensales y nunca se lleva la cuenta a la mesa justo después de acabar de comer. Y aunque el camarero lo hiciera, los clientes la ignorarían, porque estos suelen quedarse sentados a la mesa de su restaurante favorito mucho tiempo después de que se haya servido el último plato.

Arriba Disfrutando de un desayuno en un mercado de Campeche

Izquierda Una mujer prepara tortillas de maíz azul en Oaxaca

COMER FUERA

A la hora de salir a comer, cualquier momento es bueno en México. Los desayunos suelen ser abundantes y sustanciosos, las comidas son largas y relajadas, y las cenas, ricas y variadas. En los pueblos y ciudades mexicanos es habitual ver personas haciendo cola para comprar su torta de tamal (un bocadillo de tamal) con un Boing de mango (una popular bebida de frutas) o un jugo recién preparado en la mano. Cuando se tiene tiempo, los tacos de canasta (unas tortillas rellenas), los chilaquiles y los huevos preparados de múltiples maneras son el desayuno preferido.

Si se sale a cenar fuera, se puede elegir entre comer un taco o unas tortas rápidas en una calle concurrida o una plaza bulliciosa, o comer sentado en uno de los excelentes restaurantes de México. Las mesas de los restaurantes, que son un elemento fundamental de la moderna cultura gastronómica mexicana, ocupan las aceras de todo el país a cualquier hora del día.

Sin embargo, los horarios de trabajo de muchos mexicanos han hecho que comer fuera sea para ellos una necesidad en lugar de una elección. En este punto, las diferencias que existen entre los grandes centros urbanos y las pequeñas áreas rurales son un indicador de la rápida modernización del país.

En el caso de los trabajadores de las grandes ciudades, los largos recorridos en transporte público y las extensas jornadas laborales hacen que sea imposible sentarse a comer, así que normalmente sustituyen los platos de huevos preparados en casa por un bocadillo, algún tentempié callejero, un licuado (batido de frutas) y un café instantáneo.

LOS MEJORES PLATOS DE LA COMIDA CALLEJERA

Tortas ahogadas

Esta especialidad de Guadalajara, pringosa y picante, combina un crujiente pan de *birote* con carnitas calientes (carne de cerdo frita), cebolla roja encurtida y una salsa muy picante.

Tlacoyos

Este es uno de los muchos tentempiés a base de maíz que hay en México; en este caso, se trata de unas tortas gruesas y ovaladas que se rellenan con habas, requesón o chicharrones y se cubren de salsa, nopales (cactus) y queso.

Elotes

Una mazorca de maíz, untada con mayonesa o nata agria, con chile en polvo y queso, a la que se le añade zumo de lima.

Raspados

Se trata de un vaso de hielo raspado, que se rocía con sirope dulce de fruta y al que, dependiendo de la zona, también se le añade leche condensada. Es perfecto para el calor.

Dogos

Los dogos son típicos de Sonora. Son unos perritos calientes, envueltos en beicon, servidos con un panecillo y recubiertos de frijoles, tomate, cebolla, mostaza y –lo más importante– un montón de patatas fritas, entre otras cosas.

Los trabajadores también recurren a la comida corrida («comida rápida») que sirven en los bares, los puestos de comida y las fondas. Las fondas son unos pequeños restaurantes, normalmente familiares, que sirven almuerzos sencillos y económicos. Se encuentran por todo el país, desde el centro de Ciudad de México hasta los pueblecitos rurales de la península de Yucatán. Estos pequeños establecimientos –que originariamente estaban destinados a la clase obrera, pero que también se popularizaron en los barrios más acomodados– son un lugar de socialización vital. Es muy frecuente que los trabajadores con poco tiempo disfruten de un menú rápido de tres platos en una fonda cercana al trabajo.

LA COMIDA CALLEJERA

Los establecimientos que ofrecen comida al mediodía suelen cerrar a media tarde, pero el sinfín de puestos que sirven comida en la calle permanecen abiertos hasta bien entrada la noche. Estos vendedores de comida callejera surgieron con la industrialización del país a finales del siglo XIX, cuando los hambrientos trabajadores que salían de las fábricas comían los trozos baratos de carne y las verduras que les ofrecían estos puestos improvisados. La comida callejera, que ofrece opciones para todos los gustos, sigue siendo uno de los elementos esenciales de la cultura gastronómica del país.

Con frecuencia apodada «Vitamina T», debido a la abundancia de tentempiés que empiezan por esa letra (tacos, tortas, tostadas, tlacoyos, tamales), la sabrosa comida callejera suele combinar de distintas maneras el maíz, la carne, el queso y los chiles. Es el combustible del país y tomar en la calle uno de estos platos rápidos, asequibles, deliciosos y mucho más nutritivos de lo que se piensa, es algo que prácticamente hace

Arriba a la izquierda
Churros fritos
cubiertos de azúcar
en una churrería

Arriba a la derecha
Un taco servido
en un mercado

todo el mundo, con independencia de la clase social o los ingresos.

Se calcula que alrededor del 75 % de la población urbana mexicana recurre a la comida callejera al menos una vez a la semana. Este tipo de comida se sirve en la parte trasera de las bicicletas, en mostradores que dan a la calle o en camionetas decoradas con grafitis en las que resuena la música *hip hop*. Es casi imposible doblar una esquina en un pueblo o una ciudad mexicanos y no toparse con una señora sentada en un taburete de plástico junto a un comal (una plancha), haciendo a mano *gorditas* (unos discos de masa rellenos) o cortando queso para las quesadillas. Y otro tanto ocurre con los vendedores de churros, que pueden verse por todas partes, con sus recipientes llenos de aceite friendo estos dulces cilindros estriados que luego se cubren de azúcar. No hay mejor lugar para disfrutar de las maravillas de la cocina mexicana que la calle. Al fin y al cabo, aquí es donde todos los mexicanos salen a comer.

El Gran Taco
TACOS de CABEZA de RES,
Y RICO CONSOME de RES..

Los

TACOS

Los tacos se comen en todo el país a cualquier hora, ya sea mañana, tarde o noche. Se calcula que la mitad de los mexicanos los disfrutan al menos una vez a la semana. De media, se cree que cada habitante de México vive a unos 400 m de uno de los aproximadamente 50 000 puestos de tacos que hay en el país. En resumen, se trata de un tesoro nacional.

Hay toda una variedad de vendedores de tacos, de los puestos temporales que se montan por la mañana y están abarrotados al mediodía, a los de aluminio, que están abiertos las 24 horas, los 7 días de la semana, y que tienen asadores giratorios con cerdo adobado. Las carnes, los rellenos y el grado de picante de las salsas varían de una región a otra, pero algunas cosas son inevitables: comensales sentados en endebles taburetes de plástico, con la cabeza inclinada siguiendo la dirección del relleno; boles metálicos repletos de salsas picantes y trozos de lima, y planchas humeantes llenas de carne y de tortillas recién hechas. Sin olvidar el típico «canto de sirena» del taquero (normalmente un hombre): «¿Qué le damos?», seguido de: «¿Con todo?».

La cultura de la comida callejera mexicana se remonta al Tenochtitlán del siglo XV, pero la historia de los tacos es poco clara. Según algunos, su origen está en las minas de plata del siglo XVIII, mientras que otros creen que surgieron porque el emperador Moctezuma usaba las tortillas como cuchara. Sea como sea, en la actualidad los vendedores de tacos reinan en solitario en las esquinas o se agrupan y compiten entre sí para proporcionar una amplia variedad de opciones. Los puestos de tacos, con sus tradicionales rótulos coloridos y pintados a mano, son un elemento indispensable del paisaje urbano mexicano.

cocina internacional

La cocina mexicana se caracteriza por sus ingredientes frescos y sus sabores intensos, así que no es de extrañar que México haya dejado una fuerte impronta en la cocina mundial, con un recetario inspirado en siglos de intercambios.

La cocina mexicana es una de las mayores exportaciones del país y sus sabores fuertes han sido acogidos como propios en todo el mundo. Sin embargo, esta influencia nunca ha sido un proceso unidireccional: la cocina mexicana también se ha ido forjando con la llegada de numerosos inmigrantes que han traído sus propios sabores e ingredientes.

EL TEX-MEX Y LA COCINA DE FRONTERA

Mucha gente de fuera de México descubre la comida del país a través de la amplia fusión transfronteriza conocida como tex-mex. Esta cocina fue creada por los texanos de ascendencia española o mexicana que, a finales del siglo XIX, dieron a los platos mexicanos un toque del suroeste de Estados Unidos. Las grandes ollas humeantes llenas de chile con carne se convirtieron en algo habitual en San Antonio (Texas) en la década de 1880 –era un plato consistente, barato y que permitía entrar en calor–. Los texanos añadieron ingredientes poco comunes en la cocina mexicana, pero que eran muy abundantes en Texas, como la carne de res, las alubias negras, el queso y el comino. Esto dio lugar a clásicos como los burritos, los tacos de desayuno y las enchiladas de queso, que ahora son habituales en muchos restaurantes de Estados Unidos y otros países.

Aunque es cierto que algunos platos se han comercializado en exceso y que actualmente un sinfín de cadenas de restaurantes estadounidenses sirven unos tacos duros que muy poco se parecen a sus equivalentes mexicanos, el tex-mex es una cocina por derecho propio. Se trata de una maravillosa fusión de ingredientes y de maneras de cocinar y esta es una de las razones por las que actualmente es la cocina más popular en Estados Unidos. Hoy en día, hay incluso platos no texanos que se consideran tex-mex, como la chimichanga, que es básicamente una versión de la quesadilla que se inventó en un restaurante de Arizona. Otras de las

Izquierda Tacos y nachos servidos en un restaurante tex-mex

Derecha Un restaurante mexicano en California, Estados Unidos

LOS PROTAGONISTAS DEL TEX-MEX

Burritos

Al igual que sus equivalentes mexicanos, los burritos tex-mex están hechos con una tortilla que se rellena con varios ingredientes. Sin embargo, a diferencia de los mexicanos, que se llenan con frijoles refritos y una pizca de queso, los burritos tex-mex llevan arroz y verduras, se cubren de nata agria y suelen ser mucho más grandes.

Tacos de desayuno

Este clásico de la cocina tex-mex suele consistir en huevos revueltos con queso, carne u otras guarniciones y una tortilla blanda y caliente. Aunque en los estados del norte de México existen variaciones similares que también llevan huevo, en el resto del país es imposible encontrar nada parecido.

Enchiladas

Estas son la versión horneada de las enchiladas mexicanas. Las originales se bañan en salsa de chile, se rellenan de queso blanco y luego se recubren de nata agria, lechuga y tomate; en cambio, la versión tex-mex lleva queso, pollo y carne de res, se cubre con una abundante salsa de chile y tomate y luego se hornea.

diferencias entre las recetas mexicanas y tex-mex son el uso de alubias negras en lugar de frijoles pintos en Estados Unidos y la afición por el comino en el norte de la frontera (esta especia apenas se usa en la cocina mexicana).

Sin embargo, la fusión transfronteriza entre Estados Unidos y México no se limita a la cocina tex-mex. Gracias a su numerosa población procedente del sur de Río Grande, California es la cuna de diversos platos de influencia mexicana. Algunos son contundentes, como la *carne asada fries* (crujientes patatas fritas, cubiertas de queso cheddar, carne asada y pico de gallo), mientras que otros son una versión mucho más ligera de los platos típicos mexicanos: por ejemplo, el «cal-mex» se centra en las recetas a base de marisco y vegetales.

LA INFLUENCIA GLOBAL

La influencia mexicana llega mucho más allá de Estados Unidos, especialmente en lo que se refiere a sus ingredientes clásicos, gran parte de los cuales se han popularizado en todas partes. Muchos componentes básicos de la cocina mexicana llegaron a Europa a bordo de los barcos españoles, por lo que, actualmente, ingredientes como el maíz, los frijoles (o judías) y el chile (o guindilla) son habituales en todo el mundo. Lo mismo es aplicable a otros productos como el cacao *(p. 104)*, la vainilla, la piña y el aguacate –aunque se tengan que importar de México y de otros países de America Central y del Sur–.

Algunos ingredientes mexicanos se han asimilado tanto en otras tradiciones culinarias que ya no los vemos como algo procedente de México: los tomates son una parte muy importante de la cocina italiana, sin embargo, no fueron introducidos en el país hasta 1548, gracias a los españoles. Lo mismo puede decirse del uso de las guindillas. Los historiadores calculan que el primer chile se domesticó en la zona centro-oriental de México hace unos 6000 años y los pimientos picantes llegaron a Europa a finales del siglo XV. En un principio se emplearon como planta exótica para decorar los jardines, hasta que los portugueses se dieron cuenta de que podían usarse para dar más sabor a las comidas, con lo que las dietas europeas cambiaron para siempre. La popularización del pimiento cambió las cocinas de todo el mundo; es muy posible que asociemos la comida china con los chiles, pero las guindillas no llegaron al país hasta el siglo XVI.

UNA DIETA CAMBIANTE

Los vaivenes de la historia también han influido en la cocina mexicana dentro de sus propias fronteras. Según las estimaciones, con el comercio transatlántico de esclavos, los españoles llevaron a México a unos 200 000 africanos esclavizados para que trabajaran en las plantaciones durante la época

Arriba Los chiles se domesticaron en México

Izquierda La flor del hibisco, que llegó a México desde África

colonial. Estos esclavos trajeron consigo unos ingredientes y unas formas de cocinar que siguen influyendo en la cocina mexicana. Las semillas de sésamo, con las que a veces se espolvorea el mole, fueron introducidas por estos grupos procedentes de África, al igual que las flores de hibisco, que se usan para hacer agua de Jamaica. Los plátanos macho son especialmente populares y se usan en platos tan típicos como los plátanos fritos dulces y los huevos motuleños, que se toman en el desayuno. Su popularidad aún es mayor en los lugares que tienen una gran población afromexicana, como Veracruz, donde se emplean para hacer la masa de las *gorditas* y las empanadas.

Otros grupos de inmigrantes también han dejado su impronta en la cocina mexicana. A finales del siglo XIX, por ejemplo, llegaron al país numerosos trabajadores chinos, atraídos por los sueldos, para trabajar en las nuevas vías férreas de México. Esta llegada dio lugar a diversos platos de fusión, sobre todo en el estado fronterizo de Baja California. Aquí el menú incluye especialidades como las carnitas coloradas (cerdo a la barbacoa) y el arroz chino frito servido con aguacate. Además, hay muchas otras influencias internacionales que pueden verse por todo el país, como los tacos al pastor de Ciudad de México, que son de influencia libanesa, los tacos árabes de Puebla (que surgieron a partir de los kebabs iraquíes) o el famoso birote de Guadalajara, que es una versión de masa madre de la *baguette* francesa.

EL CACAO

Actualmente el chocolate es muy popular en todo el mundo, pero fueron los olmecas los que domesticaron la semilla con la que se elabora: el cacao. Aunque el cacao no es originario de México, ya que procede del Amazonas, las primeras evidencias de la práctica de tostar, fermentar y moler las semillas de este fruto son unos restos encontrados en vasijas olmecas, en los actuales Tabasco y Veracruz, que se remontan a 1500 a. C.

Si el cacao se domesticó inicialmente para su consumo o para realizar ofrendas espirituales sigue siendo un tema de debate. En cualquier caso, fueron los mayas los que empezaron a incorporar el «alimento de los dioses» a los rituales religiosos, en torno al año 250 d. C., ya que enterraban a los muertos con él y lo usaban incluso en lugar de anillos para sellar las ceremonias de boda. Los gobernantes aztecas, por su parte, aceptaban en el siglo XV las semillas de cacao como tributo de los jefes de otros estados más pequeños a lo largo de todo el imperio.

Los historiadores discrepan sobre cuándo viajó exactamente el cacao de América a Europa, aunque en general coinciden en que llegó primero a España. Según algunos, su llegada se remonta a Cristóbal Colón, mientras que otros afirman que fue el conquistador Hernán Cortés quien lo trajo desde México. Quienquiera que lo trajera, lo que está claro es que el chocolate no tardó mucho en convertirse en una exquisitez muy codiciada y que su fama pronto se extendió a otros países europeos. En el siglo XVII todo el mundo había descubierto ya los placeres del chocolate.

Arriba Campo de agaves, el ingrediente principal del mezcal y el tequila

Izquierda Botellas de tequila expuestas en una cantina rural

Licores mexicanos

La comida mexicana es conocida en todo el mundo, pero cualquier plato sabe mejor si se acompaña de una buena bebida. Los bares y las cantinas del país están repletos de una gran variedad de maravillas alcohólicas.

México atesora una multitud de fantásticas bebidas alcohólicas y cada una de ellas es un destilado de sabiduría tradicional y moderna experimentación. El tequila y su pariente ahumado, el mezcal, son conocidos en todo el mundo. Su elaboración se rige por unas reglas tan estrictas como las que regulan la producción del coñac francés o el *bourbon* estadounidense.

EL POTENTE MEZCAL

Muchos de los licores más famosos de México deben su existencia a una única especie vegetal: el agave. La savia fermentada de esta planta se consume en México desde la época de los aztecas, que veneraban el maguey (un nombre colectivo para diversas especies de agave) como símbolo de la abundancia. El maguey estaba estrechamente vinculado a Mayahuel, la diosa de la fertilidad, y el consumo de los licores elaborados con la savia fermentada del maguey –sobre todo, el pulque, una bebida blanca y espumosa con un característico sabor ácido– estaba relacionado con diversos rituales espirituales.

Mezcal es el nombre genérico con el que se conoce a cualquier licor hecho con agave, una planta que crece por todo

El mezcal en crisis

El reciente auge del mezcal ha dejado al descubierto numerosos problemas relacionados con la producción de licores a base de agave. De media, se necesitan 15 años para que una planta de agave llegue a la madurez, así que los productores tienen dificultades para cubrir la creciente demanda. Además, los agaves del mezcal se tuestan en hoyos y el proceso consume mucha más leña que el tostado del agave para tequila, que se realiza en hornos de ladrillo. Y esto está provocando un gran problema de deforestación en amplias zonas del México rural. Por otro lado, este problema se agrava por la tala de bosques para dejar espacio para nuevas plantaciones de agaves.

México y el suroeste de Estados Unidos. El tequila es, de hecho, un miembro de la familia del mezcal, pero solo puede elaborarse con agave azul. El mezcal, por su parte, se produce con cualquier otra variedad de agave y existen unas 200 (aunque solo 30 de ellas permiten elaborar un mezcal de buen paladar).

Las características notas ahumadas del mezcal surgen cuando las plantas de agave se tuestan en unos hoyos profundos recubiertos de rocas calientes, un complejo proceso de destilación que es muy anterior a la llegada de los conquistadores españoles. Estos hoyos se llenan de leña y de carbón vegetal para garantizar una cocción homogénea. En realidad, el propio nombre «mezcal» deriva de la palabra *mexcalli*, del pueblo indígena náhuatl, que significa «agave cocido al horno».

Existen variedades regionales del mezcal, hechas con una gran diversidad de plantas de agave locales. El bacanora, por ejemplo, que se elabora en el estado de Sonora, fue considerado durante mucho tiempo como un aguardiente ilegal. A principios del siglo XX el gobernador de Sonora prohibió su producción, ya que temía que su consumo contribuyera a un aumento de la inmoralidad. El licor siguió siendo ilegal hasta que el Gobierno mexicano anuló la prohibición en 1992.

LA HISTORIA DEL TEQUILA

El tequila fue considerado durante un tiempo como una variedad más del mezcal, pero, en el siglo XIX, los bebedores más perspicaces se dieron cuenta de una diferencia: el licor producido en torno a la ciudad de Tequila, en el estado de Jalisco, tenía un sabor más suave que los que se elaboraban en otras zonas y esto se debía, en gran medida, al eficaz proceso de destilación del agave azul de la zona. Por ello, esta variedad prémium se bautizó con el nombre de la ciudad, aunque el tequila actual procede de una zona mucho más amplia, en concreto de los estados de Guanajuato, Michoacán, Nayarit, Tamaulipas y Jalisco.

Con la popularización de la bebida, a finales del siglo XIX, fueron surgiendo más tabernas (destilerías). Muchas de ellas llevaban el nombre de sus propietarios y, más tarde, de virtudes como la perseverancia y la lealtad. El tequila se exportó por primera vez a Estados Unidos en 1873 y las ventas aumentaron rápidamente con la expansión del ferrocarril. Esta popularidad llevó al desarrollo del cóctel margarita, que se basa en el tequila, aunque esta bebida tiene quizá más historias apócrifas sobre su origen y más supuestos «inventores» que cualquier otra (*p. 112*).

En la actualidad, la producción de tequila está estrictamente regulada por el Gobierno mexicano. De hecho, el propio término «tequila» es propiedad intelectual de dicho gobierno. La bebida debe elaborarse con al menos un 51 % de agave azul. Se considera que los tequilas que contienen un 100 % de agave azul son los de mejor calidad.

UN BAR MUY BIEN SURTIDO

Aunque el tequila y el mezcal acaparan toda la atención, en México hay muchos otros licores que vale la pena probar (*p. 110*). Uno de ellos es el ron: México produce más ron que todos los países caribeños juntos y muchos de sus rones tienen unos perfiles aromáticos y unos métodos de destilación únicos. La caña de azúcar, un ingrediente básico del ron, crece tanto en la costa del golfo de México como en la del Pacífico y es el

Arriba Una destilería de tequila, con grandes hornos para tostar el agave

segundo mayor cultivo del país, después del maíz. Durante el siglo XXI, México también ha vivido un gran aumento de la popularidad de uno de los licores más omnipresentes en todo el mundo, el whisky. El whisky mexicano se elabora casi totalmente con maíz y permite aprovechar cualquier excedente que se produzca de este cultivo. Esta popularidad ha saltado las fronteras mexicanas y ha llegado a Estados Unidos, donde las ventas de este whisky crecen con fuerza.

Por supuesto, en los mejores bares del país no solo se pueden encontrar licores.

La cerveza, que llegó a México en el siglo XIX de la mano de los inmigrantes alemanes y austríacos, es la bebida alcohólica más popular en el país. Algunas de las cervezas más conocidas se producen masivamente en empresas de capital extranjero (Corona), pero también se está viviendo un auge de las cervecerías artesanales. De hecho, en muchas grandes ciudades pueden encontrarse una multitud de pequeños cerveceros muy innovadores, sobre todo en la península de Baja California. Gran parte de ellos se centran en crear nuevas variedades utilizando los mejores ingredientes locales.

EN EL MAPA

DIFERENTES LICORES

Cada región de México tiene su propio licor, elaborado a partir de los mejores cultivos y frutas locales. Las recetas se guardan celosamente y las historias sobre sus orígenes se comparten delante de unas copas en las cantinas locales. Fusionando siglos de sabiduría ancestral y técnicas vanguardistas, las destilerías están sumando nuevos aficionados de todo el mundo a esta variedad de bebidas alcohólicas mexicanas.

El sotol se elabora a partir de la planta del mismo nombre, también conocida como cuchara del desierto, que en México crece sobre todo en el desierto de Chihuahua, situado en el estado homónimo. Como la escasez de agaves preocupa a las destilerías que producen tequila y mezcal, muchas de ellas han puesto su mirada en el sotol y se están planteando convertirlo en la futura estrella de los licores mexicanos.

El pox, pronunciado «posh», era originalmente una bebida ritual del pueblo tzotzil, que vivía en las tierras altas de **Chiapas** (la palabra significa «medicina» o «curación» en la lengua tzotzil). Tradicionalmente se producía con maíz y habas de cacao, aunque no hay una sola forma de elaboración.

La versión mexicana del ponche de huevo, el rompope, se basa en una combinación de ron o brandi, leche, azúcar y yemas de huevo. Se ha popularizado en toda América Latina. Sin embargo, se cree que la primera versión del rompope fue creada en **Puebla** por las monjas clarisas en algún momento del siglo XVII.

Procedente de la **península de Yucatán** *(p. 11),* el kalani es un licor hecho con ron de caña de azúcar mexicano y leche fresca de coco, obtenida de los cocoteros locales. Al ser un recién llegado a la escena de bebidas espirituosas mexicanas, los destiladores artesanos están experimentando con los cócteles a base de kalani y han logrado dar un toque mexicano a recetas famosas como la del Mai Tai.

La charanda es un licor parecido al ron, originario del estado de **Michoacán**, donde se elabora con la abundante caña de azúcar que crece en el valle central de este estado. Esta zona tiene unos suelos únicos, ricos en hierro, que aporta a la charanda unas notas tropicales y un frescor persistente.

Al igual que el mezcal, el comiteco se destila a partir de la savia del agave, aunque, a diferencia de este, el agave se fermenta, pero nunca se tuesta. Elaborado exclusivamente en el estado de **Chiapas,** este licor fue prohibido en la década de 1960 debido a la escasez de agaves. Desde que se levantó esta prohibición en la década de 1990, se ha convertido en un licor artesanal muy popular.

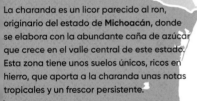

MITOS
del
MARGARITA

A pesar de ser uno de los cócteles más populares en todo el mundo, nadie sabe quién inventó el margarita, una bebida cuyo ingrediente principal es el tequila. Durante más de un siglo han circulado historias sobre su origen y son muchos los lugares y las personas que se vanaglorian de ser sus inventores. ¿Fue el regalo de un enamorado solícito a su amada Margarita, que adoraba el tequila? ¿O quizá fue creado en el siglo XIX por José Cuervo, la marca más famosa de tequila y responsable en gran medida de la popularización de este licor en Estados Unidos? Según otra teoría, el origen de esta bebida amarga está relacionado con el cóctel Daisy, que fue muy popular en Estados Unidos a principios del siglo XX («*daisy*» significa margarita en inglés).

La primera prueba concreta que existe de un cóctel similar al margarita no apareció en México, sino en el Reino Unido, en 1937. El libro *Café Royal Cocktail Book* del autor británico William Tarling contiene una receta para un Picador (otro cóctel) que usa los mismos ingredientes del margarita que conocemos en la actualidad: tequila, licor de naranja y zumo de lima. Sin embargo, el emblemático Tommy's Place Bar, en Juárez, es considerado como el primer lugar en el que se sirvió esta bebida con su ya conocido nombre en 1942. Según se dice en la región, es en esta zona donde se preparan los mejores margaritas del mundo.

En la segunda mitad del siglo XX, la receta se expandió por todo el mundo prácticamente sin cambios, lo que demuestra la gran popularidad del licor favorito de los mexicanos. Es posible que su origen no esté claro, pero lo cierto es que el margarita nunca podría haber existido sin el tequila mexicano.

CULTURA DE LA BEBIDA

Cumpleaños, fiestas, fines de semana:: en México siempre hay un buen motivo para tomar una copa, así como hay una bebida para cada ocasión y, muchas veces también, un lugar concreto en el que disfrutarla.

El alcohol es una parte muy importante de la vida social mexicana desde la época de los imperios mesoamericanos. Ya sea para realizar rituales o para brindar durante el fin de semana, las bebidas del país son mucho más que un simple refresco.

PASIÓN POR LAS PULQUERÍAS

Pocas bebidas reflejan mejor la evolución de la cultura de la bebida en México que el pulque (p. 107). Para los aztecas, esta bebida sagrada solo podía ser usada por los sacerdotes en sus ceremonias, de hecho, estos eran los únicos que podían disfrutar de ella. Tras la llegada de los españoles, su consumo se popularizó (aunque casi siempre eran hombres los que la tomaban), ya que los conquistadores se esforzaron por secularizarla. Con el tiempo, se crearon unos bares específicos donde tomar pulque, las pulquerías. Se trataba de unos lugares exclusivamente masculinos, en parte porque la bebida estaba asociada con la virilidad. De hecho, se la conoce como el «viagra mexicano» y algunos la siguen considerando un afrodisíaco.

Las pulquerías fueron especialmente populares a finales del siglo XIX y principios del siglo XX, cuando los hombres de clase trabajadora acudían a ellas después del trabajo para tomar pulque servido en las tradicionales cacarizas (jarras). A lo largo del siglo XX la popularidad del pulque fue disminuyendo, en parte debido a la competencia de los grandes fabricantes de cerveza del país. Hoy en día, sin embargo, esta bebida está resurgiendo, sobre todo entre los más jóvenes, ya que se ve como una alternativa más local a la cerveza (ambas tienen el mismo contenido alcohólico) y es más barata que el mezcal. Esto ha hecho que las pulquerías vuelvan a ser populares, aunque ahora todo el mundo es bienvenido, no solo los hombres.

LAS CANTINAS

Las cantinas mexicanas también han experimentado un renacimiento. Estos bares surgieron a mediados del siglo XIX como espacios exclusivos para los hombres. En realidad, eran un caldo de cultivo del machismo: los bebedores jugaban al dominó, hablaban del trabajo, comían botanas caseras (aperitivos) y, por supuesto, bebían cerveza o tequila.

El máximo apogeo de las cantinas tradicionales se vivió en las décadas de 1940 y 1950. El cine mexicano idealizó sus interiores llenos de humo, en los que los héroes contaban historias de la revolución y los poetas escribían versos en barriles de cerveza. La decadencia les llegó en las décadas siguientes debido, en parte, a que los nuevos bares y restaurantes de estilo europeo las fueron sustituyendo. En un momento dado, cientos de viejas y decrépitas cantinas salpicaban el centro de las ciudades

Arriba Cantinas en la calle 59, en el casco antiguo de Campeche

Derecha Tomando pulque en una pulquería

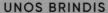

mexicanas, como una reliquia de una época pasada en la que tuvieron una gran importancia social.

Sin embargo, a finales del siglo XX llegó el momento propicio para reivindicar el viejo glamur de la cantina. Estos establecimientos se pusieron de moda y algunos de ellos fueron cuidadosamente restaurados. En 1981 se permitió la entrada de las mujeres, como parte del movimiento por la igualdad de género. En la actualidad acuden a ellas desde grupos de amigos hasta familias para disfrutar de unas copas, acompañadas de la música de mariachis en directo o de una gramola. Muchas cantinas tradicionales se han convertido en espacios modernos, en los que actúan DJ y se sirven platos *gourmet*, además de tequilas artesanales y cervezas locales. De todos modos, siguen existiendo áreas rurales en las que perviven las actitudes machistas y las cantinas son vistas como un lugar exclusivamente masculino, aunque solo sea por costumbre.

UNOS BRINDIS

Aunque en México hay una gran afición a los bares, no solo se bebe alcohol en las cantinas. En realidad, las bebidas alcohólicas son una parte central de numerosos eventos sociales. En las bodas mexicanas, por ejemplo, las barras libres se dan por hecho y las fiestas posteriores en las que abunda el alcohol también son imprescindibles. La Navidad es otra ocasión en la que brindar y muchos mexicanos preparan bebidas especiales como el rompope *(p. 111)*. De hecho, esta época del año es una excusa perfecta para desempolvar numerosos licores festivos, como el ponche navideño, un ponche especiado de frutas que puede no llevar alcohol o tomarse con piquete (con un toque de tequila o brandi).

De todos modos, no solo las ocasiones especiales se acompañan con una bebida

¡Salud!

A los mexicanos les encanta brindar cuando beben. Está el brindis básico –«¡Salud!»– y luego hay otras fórmulas específicas, muy parecidas a las españolas, como, por ejemplo, «¡Que vivan los novios!», que se usa para brindar por los recién casados en una boda. Además, para levantar los ánimos es muy habitual: «¡Para arriba, para abajo, para el centro y para dentro!», que se acompaña de movimientos con las manos. ¿Una regla básica? Siempre hay que mirar a los ojos de la persona que hace el brindis.

Arriba Un puesto de agua fresca en un mercado de Ciudad de México

Izquierda Una pequeña cantina en la ciudad de Tlaxcala, en el centro de México

y un grito de «¡Salud!». En México, el alcohol juega un papel central en las relaciones sociales. Pueden ser unas cervezas después del trabajo con los colegas o unos tequilas con los amigos en un *antro* (una discoteca), pero el hecho de beber alcohol, especialmente en las zonas urbanas, es un rito de iniciación en todo el país. Muchas veces, sobre todo en el caso de los más jóvenes, las noches de copas acaban con un baile en círculo o formando parte de un *pulpo,* que consiste en entrelazar los brazos con alguien antes de tomar un trago a la bebida.

ALGO MÁS SUAVE

Por supuesto, no solo el alcohol es importante en la sociedad mexicana. En verano, los vendedores de aguas frescas son probablemente el lugar más popular donde ir a buscar una bebida. Estos se encuentran en los mercados, a los que acuden los mexicanos a cualquier hora del día, aunque solo sea para pasear. La bebida se sirve por litros o medios litros en unos grandes recipientes de plástico con forma de bote de miel y muchos llegan incluso a tener una relación de amistad con el encargado del puesto.

Los mexicanos también acuden al café local, que es una especie de centro social. A diferencia de muchos otros países, en México el café se considera una bebida tanto diurna como nocturna; las cafeterías abren hasta tarde y las variedades con leche, como el capuchino, se toman hasta bien entrada la noche. Muchos mexicanos preparan café en casa, pero el hecho de pedir un café tiene otro propósito más fundamental: facilita la comunicación y une a la gente. En México, no hay mejor manera de fortalecer los lazos.

Bebidas Mexicanas

Los licores mexicanos se llevan la fama en todo el mundo, pero sus bebidas sin alcohol son igual de interesantes e innovadoras. Los mejores productos locales se fermentan, remueven y mezclan, usando complejos procesos perfeccionados durante generaciones, para dar lugar a unas bebidas únicas y deliciosas.

TEJATE

El tejate es una mezcla especial de maíz tostado, granos de cacao fermentados, pixtle (semillas tostadas del árbol del mamey) y flores de cacao, que se tritura hasta formar una pasta de color chocolate, a la que luego se le añade agua. Conocido como «la bebida de los dioses», el tejate es preparado por los pueblos zapotecas de la región de Oaxaca desde hace siglos. Hoy en día, cuando se recorren los mercados de Oaxaca es imposible no ver cómo los vendedores de este líquido espumoso vierten la bebida en tazas desde unas vasijas pintadas. Las flores de cacao suelen salir a la superficie formando una espuma muy característica.

POZOL

Conocida como «la bebida que se come» en Tabasco, su estado originario, esta mezcla mesoamericana de masa (maíz nixtamalizado) y cacao molido siempre ha sido popular entre los granjeros y los comerciantes. Después de beber este líquido ácido, queda un residuo conocido con el nombre de «shish», que se mastica y es muy sabroso. Además de la versión con cacao, es habitual mezclarla con boniato o fermentar la masa hasta cinco días para que tenga un sabor más fuerte. Esta bebida ha sido utilizada durante mucho tiempo por los pueblos indígenas como sustento para los viajes largos.

CAFÉ DE OLLA

El café no se introdujo en México hasta el siglo XVIII, pero se convirtió rápidamente en una bebida imprescindible y la mayoría de las familias rurales tienen su propia receta de café de olla. Según una leyenda, esta bebida nació durante la Revolución mexicana, cuando unas mujeres ahorradoras recalentaron el café que había sobrado en una olla de arcilla y le añadieron especias, como la canela y el clavo, y grandes cantidades de azúcar moreno, para que los hombres que estaban en el frente se mantuvieran despiertos y alerta. Aunque también puede prepararse en una cacerola, los mexicanos prefieren las ollas de barro tradicionales, que añaden un toque terroso y mineral. En la actualidad, el café de olla tradicional es menos común en las ciudades mexicanas que el café normal.

ATOLE

Esta bebida reconfortante y dulce se suele tomar en el desayuno o antes de irse a la cama, sobre todo en los meses fríos de invierno. Inventada por los aztecas y servida tradicionalmente en fiestas como el Día de Muertos (p. 190) y el Día de la Candelaria (p. 200), se prepara con fécula de maíz diluida en leche. Muchas regiones tienen sus propias variantes: en Michoacán se añaden moras y en Querétaro, semillas de girasol; en Guerrero se sirve fría y mezclada con canela, arroz y cacao. La versión con chocolate del atole se suele conocer con el nombre de champurrado.

1 Un gran recipiente de tejate de color chocolate en Ciudad de México

2 Pozol listo para servirse en un mercado

3 Una jarra de barro de café. Muchos mexicanos prefieren el sabor que dejan las ollas y jarras de barro

4 Unos encargados de elaborar atole, a los que se conoce con el nombre de pascuales, preparan un gran recipiente de esta bebida para la danza de los Arrieros, un baile festivo tradicional

XOCOLATL

Los historiadores creen que los mayas usaban el cacao como tónico revitalizante y como bebida para diversos rituales. Cuando los aztecas conquistaron a los mayas, los obligaron a pagar impuestos en granos de cacao y comenzaron a preparar la antigua bebida caliente llamada *xocolatl* con especias, como la canela y el chile, para hacerla más fuerte. Estos siguen siendo los sabores principales y la bebida se vierte de taza en taza antes de servirse para airear el cacao y crear una textura aterciopelada. La palabra chocolate deriva del término náhuatl *xocolatl,* que significa «agua amarga».

AGUA FRESCAS

Este refresco tan popular entre los mexicanos es una combinación de agua e ingredientes tropicales y suele servirse en dos tamaños: chico (0,5 l) y grande (1 l). Los sabores más habituales son el tamarindo, la flor de hibisco, el limón con semillas de chía y la horchata (arroz y canela con una consistencia lechosa). Todas estas variedades se sirven con hielo y azúcar, por lo que son perfectas para combatir el intenso calor mexicano.

TEJUINO

Con un sabor parecido al de un *Bloody Mary,* esta bebida salina y ácida, elaborada con maíz fermentado y zumo de lima, es una de las favoritas de los mexicanos para tomar en la calle. En Jalisco, se le añade un estimulante sorbete de lima y láminas de chile, mientras que en Colima, en el oeste de México, se mezcla con hielo picado y se le añade más lima y un poco de sal.

TEPACHE

Los indígenas mexicanos conocen desde hace cientos de años esta bebida probiótica y ligeramente espumosa llamada tepache. Aunque tepache viene de una palabra náhuatl que significa «bebida hecha con maíz», se cree que los mayas también tenían un equivalente que preparaban con hierbas sagradas durante las ceremonias. En la actualidad, el tepache se elabora fermentando la pulpa y la piel de la piña durante unos tres días. Se suele servir en los mercados mezclada con trozos de fruta fresca, lo que añade dulzor a una bebida básicamente ácida.

5 Una taza de *xocolatl*

6 Grandes recipientes de aguas frescas de distintos sabores en un puesto de un mercado

7 Un vendedor de un mercado ofrece tejuino fresco

8 Tepache servido en vasos y bolsas

EL OCIO EN MÉXICO

Los mexicanos tienen una de las jornadas laborales más largas del mundo, por lo que lógicamente necesitan un tiempo de descanso. Por suerte, el país tiene una amplia oferta de ocio y su población puede disfrutar, entre otras cosas, del ritmo desenfadado de grupos de mariachis, de los encuentros de lucha libre mexicana o las tramas melodramáticas de las populares telenovelas. Sin embargo, el tiempo libre puede llenarse a veces con algo más que pura diversión, ya que el ocio también ofrece una mirada a los distintos problemas del país. Algunas películas galardonadas tratan la corrupción, la pobreza y la violencia, mientras que los humoristas se burlan sin piedad de los políticos. Esta capacidad para entretener y al mismo tiempo informar ha hecho que los grandes del cine, la música y la televisión mexicanos tengan éxito en todo el mundo, ya que lo que triunfa en México termina triunfando globalmente.

MÚSICA

La música es, sin duda, la forma de entretenimiento más popular en México. Está, por supuesto, el mariachi, pero más allá de este género emblemático hay un amplio repertorio de estilos, que van del lirismo de los corridos al ritmo acelerado del *rap*.

Ya sea con las alegres melodías de los mariachis o con los ritmos rockeros inspirados en el *punk*, a los músicos mexicanos les encanta entretener al público. En el país han surgido una gran variedad de géneros, muchos de ellos mezclan influencias indígenas, españolas y africanas.

MÚSICA MESOAMERICANA

La música era importante para los pueblos mesoamericanos, como los aztecas, que la utilizaban en sus ceremonias religiosas o espirituales o como cantos de guerra. Estos pueblos fabricaban instrumentos con madera, arcilla y componentes obtenidos de los animales y solían reproducir los sonidos de la naturaleza –como el trueno– en su música.

En el siglo XVI surgieron nuevos estilos musicales, más concretamente el son.

Este amplio estilo musical combinaba la música barroca procedente de España con los sonidos indígenas y africanos; estos últimos llegaron al país con los esclavos traídos por los españoles. El son, que se tocaba para entretener o durante las reuniones sociales, se fue desarrollando durante los siguientes siglos como una forma de música folclórica de ritmo rápido. Sus letras hablaban de amor, de leyendas, de personajes famosos o de acontecimientos políticos. Los intérpretes también cantaban a la tierra y a los animales, que eran elementos importantes en el modo de vida pastoral de la mayoría de los mexicanos. Esta temática se remonta a las comunidades mesoamericanas, que utilizaban la música en las ceremonias para pedir la fertilidad de la tierra.

Arriba Un mariachi tocando el violín

Arriba a la izquierda Un grupo de mariachis toca para una boda

Las distintas regiones desarrollaron sus propias versiones del son: el son huasteco, que procede de la región Huasteca, se caracteriza por las voces en falsete y las ornamentaciones improvisadas con el violín, y el son jarocho de la costa del golfo es identificable por su estilo sincopado y repetitivo. En la costa del Pacífico surgió el son jalisciense, que incorporó instrumentos españoles, como la guitarra. Con el tiempo, este último acabó inspirando el estilo musical más famoso de México: el mariachi.

LA POPULARIZACIÓN DEL MARIACHI

En el siglo XIX muchos grupos de son jalisciense empezaron a usar un guitarrón (contrabajo grande, de seis cuerdas y sin traste), una vihuela (guitarra de cinco cuerdas y sonido agudo) y dos violines –tres instrumentos clave en el mariachi–. Sin embargo, el estilo que conocemos

HISTORIAS DE MÉXICO

La música es como el lenguaje, todos la entendemos, sea cual sea el género. Y en México hay un montón de géneros: está el *rock*, los estilos tradicionales, como el mariachi, e incluso la música más antigua de los indígenas.

Estoy muy orgulloso de ser un *mariachero*. Cuando toco mariachis, siento que represento a México, ya que interpreto una música que hunde sus raíces en mi tradición cultural. Y mantengo a mi familia con este trabajo. Tengo hijas y ellas ven que el mariachi no es solo una parte de la hermosa música tradicional de nuestro país, sino que también puede ser una manera de ganarse la vida.

El mariachi siempre será clave en la música mexicana. Pero también hay nuevas ideas. Algunos artistas se están distanciando del mariachi tradicional al mezclarlo con el norteño. Es innovador y suena bien. Yo siempre tocaré mariachi tradicional, pero, al mismo tiempo, me gusta realizar colaboraciones y ahora mezclo el mariachi y la música *country* de Estados Unidos. Es genial sentir que sigo aprendiendo cosas del mariachi mientras exploro otros géneros y que todo me inspire. Es algo que me hace feliz.

Juan Diego Sandoval, Guanajuato

Arriba a la izquierda
Rubén Albarrán,
cantante principal
de Café Tacvba

Arriba a la derecha
Actuación del
rapero Aczino

actualmente surgió en el siglo XX, cuando se añadieron las trompetas.

El mariachi se fue popularizando poco a poco, pero no fue hasta después de la Revolución mexicana cuando el estilo adquirió realmente importancia. Buscando la manera de fomentar la unidad y la identidad nacional, el Gobierno mexicano empezó a promover el estilo como un símbolo de México usando a los *mariacheros* (conjuntos de mariachis) en los eventos políticos e incluso subvencionando el género. En esta época las bandas empezaron a vestir un uniforme determinado, el de los charros (vaqueros) mexicanos, una vestimenta que transmite un sentimiento de orgullo nacional.

La popularización del estilo en las películas, la televisión y la radio a partir de la década de 1920 también ayudó a la difusión de este género. Muchos grupos de mariachis tuvieron influencias de estilos internacionales y empezaron a incorporar otros elementos musicales, como el *jazz* estadounidense y la música cubana. Actualmente, los grupos de mariachis son habituales en los grandes acontecimientos y se han convertido en un símbolo del país.

EL CORRIDO

El mariachi es la música que más se asocia con México, pero los corridos son los que cuentan la historia del país. Este estilo baladesco, que también entra en la categoría del son, fue creado en el siglo XVIII por los músicos ambulantes que componían canciones sobre personajes y acontecimientos importantes como forma de entretenimiento y como medio de transmitir la información. Estas canciones narrativas se hicieron más populares durante la Revolución mexicana, al ser usadas para difundir noticias sobre los resultados de las batallas y los héroes de la guerra.

Sin embargo, los corridos como *La toma de Zacatecas* no solo contaban el conflicto, sino que alimentaban el patriotismo de muchos mexicanos con unas letras descriptivas que mostraban ejemplos nacionales de orgullo y fuerza. A principios del siglo XX también aparecieron temas de machismo, como ciertos comportamientos violentos, la

La influencia estadounidense en la música mexicana continuó durante todo el siglo XX. A finales de la década de 1980, por ejemplo, el *hip hop* y el *street rap* estadounidenses provocaron el nacimiento del *rap* mexicano, un género musical actualmente en auge. Los raperos mexicanos fusionan las rimas con los ritmos fuertes del *hip hop* añadiendo instrumentos tradicionales como tubas y melodías de guitarra *folk*.

En la actualidad, los músicos mexicanos siguen recurriendo a las influencias internacionales y al rico patrimonio musical del país, para crear nuevos estilos como los corridos tumbados *(p. 130)*, que, al igual que pasó con el mariachi, están despertando interés en muchos lugares del mundo. Esta energía creativa, unida al hecho de que México se ha convertido en el mayor mercado mundial de música en español, hace prever que la música mexicana brillará aún más en el futuro.

bebida y las mujeres. Sin embargo, las mujeres también juegan un papel importante. Canciones como *La cucaracha* y *La Adelita* cuentan la imprescindible participación de las mujeres en la Revolución.

LA MÚSICA MEXICANA MODERNA

Aunque la música regional sigue siendo popular, la música moderna mexicana también se inspira en otros estilos. Muchas de las influencias musicales han llegado a través de Estados Unidos. A finales de la década de 1950, por ejemplo, Los Locos del Ritmo ayudó a popularizar el *rock* en México, con sonidos guitarreros y letras en español. Esto influyó en otros grupos posteriores, como Caifanes, que mezclaban las percusiones latinas con el *new wave*, o Café Tacvba, que fusionaba los ritmos *rock* con el *punk*, la música electrónica y la música folclórica indígena.

Los narcocorridos

Los corridos rinden homenaje muchas veces a personajes poderosos, lo que ha dado lugar a la aparición de los narcocorridos. Estas canciones cuentan las historias de los señores de la droga y sus hazañas y se centran en las operaciones legendarias de los cárteles o en tiroteos sangrientos. Como el dinero, las drogas y los asesinatos son temáticas recurrentes de este subgénero controvertido, algunos estados mexicanos –como Sinaloa, cuna del famoso líder narcotraficante El Chapo– han decidido prohibir su difusión, por temor a que contribuya a justificar los crímenes.

EN EL MAPA

ESTILOS MUSICALES

Se puede encontrar una mezcla de estilos musicales por todo el país. Algunos hunden sus raíces en la tradición indígena y española, mientras que otros están inspirados por los sonidos que llegan de Estados Unidos, Cuba y otros lugares. Este mapa permite descubrir una pequeña parte de la enorme diversidad musical mexicana.

El duranguense, que dominó las listas de éxitos a principios de la década de 2000, se caracteriza por su ritmo veloz y el uso del teclado electrónico. Lo más curioso es que el estilo fue creado en Chicago, en Estados Unidos, por un grupo de inmigrantes mexicanos procedentes del estado de **Durango**. Posteriormente, el estilo regresó a México y logró una gran popularidad.

Los p'urhépecha, un grupo indígena que vive en **Michoacán**, son conocidos por las pirekuas, unas canciones que se han transmitido oralmente durante generaciones. Con unos ritmos suaves, estas canciones pueden interpretarse en solitario, por un dúo, un trío o en grupo. Sus letras simbólicas se centran en una gran variedad de temas, como la historia, la política o el amor.

Nacido en la costa del golfo, en **Veracruz**, el son jarocho fue creado por africanos occidentales como una forma de resistencia musical frente a los opresores españoles. Sus rápidos ritmos y las letras alegres suelen ir acompañados de un zapateado, realizado sobre plataformas de madera, para realzar los rápidos sonidos, que recuerdan a los tambores.

Inspirado por una mezcla de géneros, incluidos la clave cubana y el bolero, la trova yucateca es uno de los estilos musicales más conocidos de la **península de Yucatán** *(p. 11)*. Se interpreta con una guitarra, un bajo y un requinto (una guitarra pequeña con un sonido más agudo) y la mayoría de las canciones giran en torno al romance. De hecho, los hombres suelen contratar a tríos de trova para ofrecer una serenata a sus amadas.

Originario del istmo de Tehuantepec, en el estado de **Oaxaca**, los sonidos del son istmeño suelen explorar temas como el amor, el desamor y la muerte. Los arreglos tradicionales incluyen tres tipos de guitarras con diferentes tonos y tres vocalistas, que cantan en la lengua zapoteca.

129

CORRIDOS TUMBADOS

En 2019 surgió un nuevo estilo musical mexicano: los corridos tumbados. Algunos músicos jóvenes, como Natanael Cano, empezaron a mezclar los corridos tradicionales –canciones narrativas que cuentan historias épicas– con la música *trap,* un subgénero del *hip hop* de Estados Unidos. Este estilo fresco hace honor a sus raíces musicales y mantiene las narrativas muy detalladas y la instrumentación sencilla del corrido tradicional, pero realzándolas con los ritmos del *trap* y unas letras atrevidas.

Al igual que los narcocorridos *(p. 127),* los corridos tumbados –también conocidos como corridos *trap*– son considerados un género un tanto controvertido, debido a sus letras descarnadas que tratan cuestiones como las drogas, la violencia y la delincuencia. De todas maneras, muchos de los artistas que han adoptado este nuevo estilo también hablan de otros temas, como el amor, los desengaños sentimentales y el deseo de vivir una vida cómoda y llena de lujos. Estas temáticas conectan con la generación más joven –la mayoría de los seguidores del género tienen menos de 25 años–, quizá por el sentimiento de desencanto y rebeldía y las ganas de cambio que suelen transmitir.

Si bien los corridos tumbados son típicamente mexicanos, han seducido a aficionados musicales de todo el mundo, sobre todo en Estados Unidos, Guatemala, Colombia y España. Algunas canciones han batido récords internacionales de reproducciones en *streaming,* como *Ella baila sola,* del cantante nacido en Guadalajara Peso Pluma. Además, los artistas más importantes de los corridos tumbados están introduciendo nuevos géneros en esta combinación musical, como el reguetón y el mariachi, por lo que este nuevo estilo –y la música mexicana en general– sigue evolucionando.

EN LA GRAN PANTALLA

Los cineastas mexicanos llevan más de un siglo cautivando a los amantes del cine dentro y fuera del país, creando momentos emblemáticos de la historia del séptimo arte y dando a la industria algunos de sus artistas más célebres.

La rica historia cinematográfica del país, que se remonta a principios del siglo XX, goza de gran prestigio internacional. Desde su época de máximo apogeo, en las décadas de 1940 y 1950, hasta la oleada actual de directores y actores mexicanos que han triunfado en Hollywood, el cine es una de las mayores exportaciones culturales de México.

LA EDAD DE ORO

A pesar de que el cine en México dio sus primeros pasos a finales del siglo XIX, no fue hasta la década de 1930 cuando empezó a prosperar realmente y se vivió lo que se conoce como la edad de oro del cine mexicano. La Segunda Guerra Mundial provocó un declive de la producción cinematográfica de Hollywood, en cambio en México –cuya participación en el conflicto fue mucho más limitada que la de Estados Unidos– se vivió un periodo de desarrollo artístico muy prolífico. En Ciudad de México se abrieron estudios cinematográficos, como Films Mundiales, que la convirtieron en la capital de la industria del cine latinoamericano de la época.

En este periodo, que se prolongó durante la década de 1950, se produjeron algunos de los filmes mexicanos más emblemáticos, dirigidos por cineastas como Emilio Fernández y Roberto Gavaldón. La película *Rosauro Castro*, de Gavaldón, amplió los límites al experimentar con el cine negro mediante una iluminación dramática y unos espacios intrincados. En esta época también se dieron a conocer internacionalmente algunas de las estrellas de cine mexicanas más grandes de todos los tiempos, como María Félix, que protagonizó el romance *Maclovia* (1948); Dolores del Río, que fue la estrella del drama histórico épico *La cucaracha* (1959); y Pedro Infante, un cantante de rancheras mexicano que apareció en *Los tres huastecos* (1948), una comedia dramática que gira en torno a las vidas de tres hermanos muy distintos. Estas películas entretenidas contribuyeron a popularizar a sus protagonistas y al propio cine mexicano.

PELÍCULAS CON MENSAJE

Sin embargo, en México el cine no ha sido solo un entretenimiento. Desde los primeros días de la industria mexicana,

Arriba La estrella de cine María Félix, en una película de la década de 1950

Izquierda Pedro Armendáriz en *Rosauro Castro*

sus cineastas rara vez se han mantenido al margen de los temas difíciles y han planteado a sus espectadores algunas de las cuestiones más complicadas a las que se ha enfrentado el país. La turbulenta historia mexicana del siglo XX –que incluye una sangrienta revolución y un régimen dictatorial de partido único– ha servido de inspiración para los directores de cine locales, que han recurrido a sus películas para tratar de entender y hacer entender esas convulsiones. La Revolución fue el acontecimiento que más contribuyó a que el cine mexicano tuviera esta inclinación por los temas políticos. Ya en la década de 1930 una trilogía del director Fernando de Fuentes adoptó una mirada crítica de este acontecimiento histórico.

Otros directores trataron de explorar el país que había surgido tras estos acontecimientos. Sus películas se convirtieron en un medio por el que se filtraba

LAS ESTRELLAS DE CINE MEXICANAS

De las estrellas de su edad de oro a los artistas famosos contemporáneos, son muchos los actores y actrices mexicanos que han logrado triunfar en Hollywood.

Dolores del Río
Considerada la primera gran actriz latinoamericana que tuvo éxito en Hollywood, Del Río fue una de las mayores estrellas de la edad de oro del cine mexicano; es emblemática su película *María Candelaria*.

Salma Hayek
Nominada al Óscar a la mejor actriz por su interpretación de la artista Frida Kahlo en la película *Frida*, Salma Hayek es del estado mexicano de Veracruz.

Gael García Bernal
Originario de la ciudad de Guadalajara, García Bernal logró el éxito entre el público con su papel en la aclamada película de Iñárritu *Amores perros*.

Diego Luna
Luna apareció en la película de Alfonso Cuarón *Y tu mamá también*. Más recientemente ha aparecido en la saga de *La guerra de las galaxias*.

la vida y se analizaban cuestiones como la pobreza y el deterioro urbano, muchas veces en géneros aparentemente incompatibles, como la comedia disparatada, las películas románticas y el cine negro. Algunos de los filmes icónicos de esta época son *Los olvidados* (1950) de Luis Buñuel, una valiente mirada a la pobreza en México, y *Distinto amanecer* (1943) de Julio Bracho, donde una Ciudad de México infestada de delincuentes se convierte en el oscuro personaje central de la obra. Muchas de estas películas se convirtieron en un éxito tanto de público en México como por la crítica internacional.

El Estado empezó a ejercer una mayor influencia en la industria del cine mexicano en la década de 1970, pero los directores del país siguieron abordando temas difíciles. La brutal masacre de estudiantes en Tlatelolco en 1968, por ejemplo, fue descrita en la película *Rojo amanecer* de 1989. La película fue un éxito de taquilla y provocó un encendido debate en México, a pesar del intento de censura del Gobierno. El colectivo feminista Cine Mujer, liderado por cineastas como María Novaro y Maricarmen de Lara, también se implicó en el agitado discurso político de la época, pero desde una perspectiva decididamente feminista.

EL NUEVO CINE MEXICANO

Tras una serie de crisis económicas en la década de 1980 y principios de la de 1990, el cine mexicano entró en una espiral de decadencia, hasta que en esta última década se produjo un resurgimiento. Esto se debió en parte a que el Gobierno aumentó las ayudas destinadas a la industria cinematográfica y también a la aparición de una nueva ola de directores mexicanos, que empezaron a despertar el interés de Hollywood con películas como *Como agua para chocolate*. Dirigida por Alfonso Arau y estrenada en 1992, este filme de realismo mágico –basado en una

novela superventas– se convirtió en un éxito de crítica y público en México y más allá de sus fronteras. En su momento, fue la película extranjera con mayor recaudación de la historia de Estados Unidos.

También en esa época apareció un trío de directores que transformaron el cine mexicano para siempre: Alfonso Cuarón, Alejandro González Iñárritu y Guillermo del Toro. Juntos, los «tres amigos», como se les empezó a conocer, ayudaron a crear lo que se conoce como *nuevo cine mexicano*. Influidos por directores mexicanos anteriores, hacían películas descarnadas y realistas, centradas en temas importantes para la sociedad y la cultura mexicanas modernas, como la división de clases, la violencia, la pobreza y la sexualidad. Estos cineastas, que han acabado triunfando en Hollywood, tuvieron un gran éxito de crítica en México y en todo el mundo. La película de Iñárritu, *Amores perros*, fue nominada al Óscar a la mejor película de habla no inglesa en el año 2000,

Arriba Una escena de *Y tu mamá también*

Izquierda *Sin señas particulares*, la ópera prima de la directora Fernanda Valadez

mientras que el filme de Cuarón, *Y tu mamá también*, logró una nominación al Óscar al mejor guion original tan solo dos años después. En 2018, *La forma del agua*, de Del Toro, una mezcla de terror mexicano tradicional y fantasía, obtuvo 13 nominaciones a los Oscar.

DESAFIANDO EL *STATU QUO*

En la actualidad, los directores de cine mexicanos siguen abordando los problemas acuciantes de la sociedad de su país, incluidas la droga y la corrupción. Varias películas recientes han impactado en el imaginario nacional, como *El infierno* (2010), una comedia negra sobre la inutilidad de la guerra contra la droga y el caos y la corrupción que el tráfico de drogas genera, y la galardonada *Sin señas particulares*, una emotiva obra sobre

una madre que busca a su hijo migrante desaparecido. Esta última, dirigida por la cineasta Fernanda Valadez, es un ejemplo del auge de las películas que tienen a las mujeres como protagonistas y un punto de vista femenino, algo que casi siempre ha faltado en la industria cinematográfica mexicana, muy dominada por los hombres. Muchas de estas películas dirigidas por mujeres han sido aclamadas por la crítica; por ejemplo, *Noche de fuego* (2021), de la cineasta mexicana-salvadoreña Tatiana Huezo, fue seleccionada para los premios de la Academia de Hollywood para competir como mejor película de habla no inglesa. Estos filmes son un claro indicativo de que el cine mexicano seguirá haciendo lo que siempre ha hecho: ampliar sus límites, tratar temas difíciles y desafiar el *statu quo*.

Películas emblemáticas

México, como potencia cinematográfica internacional, ha producido decenas de títulos icónicos. Con unas historias emotivas, unos directores extraordinarios y unas magníficas actuaciones, estas son algunas de las películas más revolucionarias de la historia mexicana.

MARÍA CANDELARIA (1943)

Esta película es una de las más emblemáticas de la edad de oro del cine mexicano. Fue dirigida en 1943 por Emilio Fernández y protagonizada por Pedro Armendáriz y Dolores del Río, que interpretan a una pareja de indígenas que se enfrenta a una serie de infortunios en la zona de Xochimilco. Esta fue la primera película latinoamericana que logró el máximo galardón en el Festival de Cine de Cannes, en Francia, y fue una de las primeras en las que se representaba a los indígenas mexicanos de forma digna. Sin embargo, los críticos posteriores han apuntado que el retrato que se hace de ellos es excesivamente simplista e idealizado.

MACARIO (1960)

Macario, que fue la primera película mexicana nominada al Óscar a la mejor película de habla no inglesa, cuenta la historia de un campesino pobre que se encuentra con la personificación de la Muerte. Este drama sobrenatural, dirigido por Roberto Gavaldón, está protagonizado por el legendario actor Ignacio López Tarso en una fábula fantástica que toca varios de los temas más importantes de la cultura mexicana, como la relación ambivalente e incluso cómica con la muerte. Está considerada como una de las mejores películas del cine mexicano.

AMORES PERROS (2000)

Dirigida por Alejandro González Iñárritu y protagonizada por un joven Gael García Bernal, *Amores perros* es una obra fundamental del Nuevo Cine Mexicano. Se trata de un filme crudo y muchas veces violento, que narra la historia de tres extraños cuyas vidas se entrecruzan en un accidente de tráfico en Ciudad de México. Esta ópera prima dio a conocer el estilo distintivo de Iñárritu, caracterizado por una narrativa con múltiples capas, y sentó las bases de lo que sería la segunda edad de oro del cine mexicano.

CARMÍN TROPICAL (2014)

A medida que la cinematografía mexicana se ha diversificado, los directores han tratado de contar historias más variadas. *Carmín tropical,* de Rigoberto Perezcano, fija su mirada en la comunidad indígena muxe del estado de Oaxaca, unas personas que nacen hombres, pero que adoptan una indumentaria y unos roles sociales femeninos. En la película, una joven muxe vuelve a su pueblo natal en Oaxaca para investigar la muerte de una de sus amigas. Ganadora del premio más importante del Festival de Cine de Morelia, *Carmín tropical* toca temas como el género, la sexualidad y la cultura indígena.

ROMA (2018)

Uno de los filmes más elogiados de los últimos años, esta epopeya en blanco y negro de Alfonso Cuarón ofrece una mirada llena de inteligencia a la moderna nación mexicana. Ambientada en el barrio de Roma de la capital del país, en el México de la década de 1970, la película sigue a una mujer indígena llamada Cleo que trabaja como criada de una familia mexicana de clase media. El filme explora temas como la clase y la raza y describe la represión política del periodo. Consiguió tres Óscar, incluido el de mejor película de habla no inglesa, un éxito inédito para el cine mexicano.

1 Dolores del Río y Pedro Armendáriz en *María Candelaria*

2 Un cartel de *Macario*

3 *Amores perros,* con Gael García Bernal

4 Una escena de *Carmín tropical*

5 *Roma,* de Alfonso Cuarón

MACARIO

Starring
IGNACIO LOPEZ TARSO ★ PINA PELLICER

STORY   PHOTOGRAPHY   DIRECTION
BRUNO TRAVEN   ★   GABRIEL FIGUEROA   ★   ROBERTO GAVALDON

▶ BEST FOREIGN FILM NOMINEE
33rd ANNUAL ACADEMY AWARDS

SPECIAL AWARD   ★   BEST ACTOR
CANNES FILM FESTIVAL   SAN FRANCISCO FILM FESTIVAL

PANORAMA TELEVISIVO

Los mexicanos llevan sintonizando sus televisores desde hace más de 70 años, ya sea para estar al día de la actualidad, para ver un partido de fútbol o para evadirse con alguna de las emblemáticas telenovelas del país.

El 31 de agosto de 1950 la primera cadena de televisión comercial mexicana realizó su emisión inaugural con un discurso del presidente mexicano. A lo largo de la década siguiente surgieron otras cadenas; sin embargo, debido a la falta de ingresos publicitarios, rápidamente se fueron fusionando para crear una única emisora: Televisa. Esta cadena, propiedad de la familia Azcárraga, tuvo en la práctica el monopolio de las emisiones en el país hasta finales del siglo XX. Los programas más populares eran los deportes, las telenovelas, las series dramáticas y los informativos.

A finales del siglo XX y principios del XXI esta situación de monopolio se suavizó con la aparición de dos nuevas cadenas televisivas: TV Azteca e Imagen Televisión. Sin embargo, los programas siguieron siendo, en gran medida, los mismos, especialmente las telenovelas, tan populares como siempre.

TELENOVELAS
Ningún otro género define tanto a la televisión mexicana como la telenovela. Estos programas ofrecen una visión cercana, aunque melodramática, de la vida cotidiana, con gente normal que se enamora y se desenamora, que vive problemas de dinero y familiares, y que sigue adelante con su trabajo. Entre las tramas preferidas está el encuentro de algún familiar del que hace mucho tiempo que no se

sabe nada y que algún protagonista desafortunado se enamore de un pretendiente rico o poderoso, un posible guiño al deseo generalizado de ascender socialmente.

Las telenovelas surgieron en la década de 1930 como radionovelas y dieron el salto a la pequeña pantalla en la década de 1950. La primera telenovela mexicana, *Senda prohibida*, se emitió con gran éxito en 1958. El formato mantuvo su popularidad en las décadas siguientes, cuando muchas familias se reunían por la noche delante del televisor para ver su serie favorita. En la actualidad, siguen siendo muy populares: cuatro de los cinco programas más vistos en México son telenovelas y algunas, como *Vencer,* suelen tener millones de espectadores.

EL ÉXITO DEL *STREAMING*
Actualmente, la televisión sigue siendo uno de los entretenimientos más importantes de los mexicanos, ya que mucha población dispone de televisores. Sin embargo, los servicios de *streaming* en línea son cada vez más populares y unos 12 millones de personas están suscritas a alguno de ellos.

El crecimiento de estos servicios ha provocado un *boom* de las producciones televisivas mexicanas y empresas como Netflix y Apple TV se han mostrado muy interesadas en sacar provecho de la afición del país por la televisión de calidad. Parte de este crecimiento se debe a la

Arriba Rodaje de una telenovela en Ciudad de México

aparición de unos gustos más generales, como la fascinación mundial por la cultura narco. Series como *Narcos México* se han convertido en éxitos internacionales, sobre todo en América Latina y Estados Unidos, y han dado lugar a versiones en inglés. Estos programas han reforzado tanto el estereotipo del narco dentro de México como las creencias sobre la vida cotidiana mexicana.

Las series en *streaming* mexicanas también abarcan otros muchos géneros, desde el suspense de *Tríada* y el drama de misterio de *La venganza de las Juanas* hasta la comedia negra de *La casa de las flores*. Y, por supuesto, no faltan las telenovelas, que en 2023 se empezó a emitir una nueva versión de *Senda prohibida* en Vix, un servicio de *streaming* en línea.

La narcocultura en la televisión

El éxito de producciones mexicanas como *Narcos México* y *El Chapo* ha planteado la cuestión de la visión un tanto positiva que la televisión da de la narcocultura. Algunas series tienden a mostrar a los jefes de los cárteles como personas oprimidas que tienen que enfrentarse a una sociedad hostil para triunfar, lo que alimenta el estereotipo del señor de la droga benevolente. Sin embargo, esta visión choca con la de todos aquellos que conviven con los cárteles y con la violencia y la corrupción que estos provocan. Esto ha generado un debate sobre la ética de estas series.

LA ROSA DE Guadalupe

THE ROSE OF Guadalupe

TODOS tenemos una HISTORIA de LUCHA y ESPERANZA

EVERYONE HAS A STORY OF HOPE AND STRUGGLE

PROGRAMAS DE TELEVISIÓN POPULARES

Las telenovelas no tienen rival en cuanto a popularidad y muchas de ellas logran unas audiencias enormes. Sin embargo, la televisión mexicana es mucho más que melodrama y los programas de telerrealidad y los dramas de carácter religioso también tienen mucho éxito.

LA CASA DE LOS FAMOSOS

Parte de la franquicia de Gran Hermano, *La Casa de los Famosos México* se convirtió en el programa de telerrealidad más visto de la televisión mexicana en 2023. También logró el mayor nivel de participación jamás alcanzado en la televisión del país, ya que sus seguidores emitieron más de 133 millones de votos para elegir a su famoso favorito. Además, el programa ha puesto de relieve las actitudes cada vez más progresistas del público mexicano, ya que este eligió ganadora a una mujer transgénero, Wendy Guevara.

VENCER

Esta telenovela, que arrancó en 2020, tiene temporadas independientes y cada una de ellas explora un sentimiento o una emoción diferentes –como el miedo o el desengaño amoroso– a través de las vidas de distintas mujeres. La serie se ha atrevido a tratar tabús que no suelen aparecer en las tradicionalmente conservadoras telenovelas. Por ejemplo, *Vencer la culpa*, la quinta entrega de esta franquicia, toca temas como el divorcio, las enfermedades de transmisión sexual y la diversidad de género.

ACAPULCO

Esta comedia optimista, que sigue la trayectoria, de la pobreza a la riqueza, de un hombre de negocios mexicano, va dando saltos entre el Malibú actual y el Acapulco de la década de 1980. Aunque se inspira en las populares telenovelas –sobre todo por lo que se refiere a unas tramas un tanto melodramáticas–, *Acapulco* es un nuevo tipo de serie, que puede interesar tanto al público mexicano como a un público más internacional. En primer lugar, porque es bilingüe, ya que sus actores mexicanos van alternando el español y el inglés; y, en segundo lugar, porque tiene una gran producción, gracias al gigante del *streaming* Apple TV.

TIERRA DE ESPERANZA

Tierra de esperanza es una de las telenovelas más populares de principios de la década de 2020. Cuenta la historia de una mujer de negocios que se hace cargo de la hacienda familiar. En ella se tocan muchos de los temas habituales de las telenovelas, incluida la relación de amor-odio entre los dos protagonistas. Producida por TelevisaUnivisión, una sociedad mexicana-estadounidense, la serie se basa en el culebrón estadounidense en español *La tormenta* (2005).

LA ROSA DE GUADALUPE

Pocas figuras católicas son más veneradas en México que la Virgen de Guadalupe *(p. 66)*, así que no es extraño que esta serie dedicada a sus milagros sea tan popular. Desde que empezó a emitirse en 2008, ya se han sucedido 15 temporadas con un éxito enorme, sobre todo entre las familias, que todas las noches se reúnen delante del televisor para verla. Cada episodio se centra en alguien que pasa por un momento difícil y en cómo le pide ayuda a la Virgen, que resuelve sus problemas de manera milagrosa.

1 Presentadora de *La Casa de los Famosos México*

2 Las protagonistas de *Vencer la culpa*

3 Recibiendo a los huéspedes de Las Colinas, el exclusivo hotel de la serie

4 Una escena de *Tierra de esperanza*

5 Cartel promocional de *La rosa de Guadalupe*

COMEDIA CREATIVA

El particular humor mexicano impregna muchos aspectos de la cultura del país. Cuando la vida se ve más negra que nunca, la comedia es una luz que muestra el camino –ni siquiera la muerte está a salvo de las bromas–.

La comedia en México es polifacética. A veces se usa como una forma de afrontar los acontecimientos sociales, políticos o personales traumáticos, mientras que en otros momentos es una manera de desafiar a quienes están en el poder. Pero, sobre todo, es una oportunidad para disfrutar de unas buenas risas.

UN SENTIDO DEL HUMOR MUY NEGRO

«Solo en México la muerte es una buena ocasión para reír». Esto es lo que dice un personaje durante las celebraciones del Día de Muertos en la película de John Huston *Bajo el volcán* (1984). Pocos países tienen tantos eufemismos jocosos para referirse a la muerte: «ya colgó los tenis» (las zapatillas) o «ha estirado la pata» son solo algunas de estas expresiones. Esto es un reflejo de la voluntad de los mexicanos de recurrir a la comedia en momentos difíciles, ya se trate de los asesinatos de los cárteles de la droga o de la corrupción política. Para muchos mexicanos, encontrar la parte humorística de estas situaciones no significa para nada una negación del horror de los acontecimientos, sino que es una especie de catarsis, sobre todo cuando se trata de problemas sociales que pueden llegar a ser oprimentes.

Uno de los cómicos más conocidos del país, Víctor Trujillo, se hizo famoso por su uso del humor negro, a través de su controvertido personaje cómico «Brozo, el payaso tenebroso». Este personaje amargo, cínico y políticamente incorrecto usaba su humor vulgar y ácido para comentar la realidad política y social mexicana; era frecuente que se burlara de los presidentes y que bromeara sobre el fraude electoral. Este humor negro ha sido utilizado por los cómicos para pedir cuentas a los gobernantes y para «educar» a la población.

EL PODER DE LA SÁTIRA

Lo mismo puede decirse de la sátira, otra de las herramientas habituales de la comedia mexicana. La prensa satírica del país ha jugado un papel muy importante en el combate político mexicano desde la segunda mitad del siglo XIX. A principios del siglo XX periódicos como *El Hijo del Ahuizote* publicaban gran variedad de caricaturas políticas y fueron esenciales para propagar el fervor revolucionario.

El caricaturista satírico más famoso de México fue José Guadalupe Posada (1852-1913), que creó el símbolo del Día de Muertos, la Calavera Catrina *(p. 198)*. Sus grabados e ilustraciones prepararon el terreno para los futuros artistas, que

Arriba Tin Tan en una comedia romántica de la década de 1950

recurren al humor para atacar la hipocresía. Hoy en día, dibujantes como el mexicano-estadounidense Lalo Alcaraz siguen diseccionando la actualidad a través del cómic, ridiculizando cuestiones como las políticas migratorias y caricaturizando a figuras políticas como Donald Trump.

SOLO PARA REÍR

Sin embargo, la comedia mexicana no siempre tiene un lado oscuro y serio. Muchas bromas cotidianas giran en torno a la burla afectuosa entre amigos y suelen incluir el albur, o doble sentido (*p. 55*), o alguna otra forma de juego de palabras con connotaciones sexuales. Este elemento es tan importante en la cultura humorística mexicana que cada año se celebra un concurso para elegir al mejor alburero. Sin embargo, este tipo de broma pícara se reserva solo a los amigos, ya que el doble sentido se considera inapropiado en las conversaciones familiares.

La estrella de la comedia Mario Moreno (1911-1993), más conocido como Cantinflas,

fue un genio de estos juegos de palabras a mediados del siglo XX. Solía interpretar al personaje del *pelado* (es decir, un hombre sin estudios que vive en un barrio pobre de Ciudad de México). Este hombre de a pie, parlanchín y muy agudo cautivó al público, tanto mexicano como de otros países. Su influencia llego a ser tal, que se creó el verbo *cantinflear,* que significa hablar de manera incongruente, sin decir nada.

Los juegos de palabras rápidos e ingeniosos también fueron usados por Germán Valdés (1915-1973), más conocido como Tin Tan. Contemporáneo de Cantinflas, perfeccionó el arte y la estética del *pachuco,* que incluía hablar en jerga *spanglish* (muy habitual en la frontera mexicana con Estados Unidos) y vestir unos trajes exageradamente anchos. La comedia coreografiada de estilo chaplinesco fue uno de sus sellos distintivos, como también lo fue de Cantinflas –de hecho, Charlie Chaplin describió a este último como «el mayor cómico vivo»–.

Deportes

Tanto a caballo como en el cuadrilátero de lucha libre o en el campo de fútbol, el deporte une a los mexicanos y les infunde un espíritu de camaradería y compañerismo. Para muchos, el deporte es más que un simple juego: es una forma de vida.

En los recintos deportivos mexicanos, la victoria no siempre lo es todo. El ceremonial y el honor de participar suelen ser más importantes que el hecho de luchar para lograr el triunfo; además, el amor que el país siente por los más desvalidos se refleja en sus héroes deportivos. Aunque el panorama deportivo mexicano ha cambiado drásticamente con el proceso de urbanización, no hay nada que una más a los mexicanos que un espectáculo deportivo.

EL DEPORTE NACIONAL

Si hay un deporte que muestre la importancia que en México se da al ceremonial, este es, sin duda, la charrería. En la charrería, los charros (vaqueros locales) realizan una gran variedad de actividades ecuestres increíbles, que se reparten en 10 suertes (modalidades) diferentes con las que demuestran su destreza. Estas incluyen lo que se conoce como piales en el lienzo, que consiste en atar las patas traseras de un caballo en movimiento con una cuerda hasta detenerlo, y la jineteada de toro, en la que el charro intenta mantenerse el máximo tiempo posible sobre un toro de rodeo. Los competidores son juzgados por su estilo, desenvoltura y ejecución.

Al igual que ocurre con el rodeo estadounidense, los orígenes de la charrería se remontan a la llegada de los conquistadores españoles, que introdujeron los caballos en el país. En todas las haciendas rurales de México los caballos se convirtieron en un elemento central de la economía, como ganado con el que comerciar y como medio para simplificar el trabajo agrícola. Los trabajadores de los ranchos fueron quienes organizaron las primeras competiciones privadas en las que se demostraban estas destrezas. En la década de 1930 la recién creada Asociación Nacional de Charros lanzó una campaña para formalizar el deporte y empezaron a celebrarse torneos en recintos de todo México.

Los de los pies ligeros

Los rarámuris, un pueblo indígena que vive en las montañas de la Sierra Madre Occidental, han cautivado a todo el mundo con su capacidad para correr distancias extremadamente largas. Los miembros de esta comunidad —cuyo nombre significa «los de los pies ligeros»— pueden correr cientos de kilómetros durante varios días. Estas hazañas deportivas increíbles se deben a una combinación de estilo de vida, cultura y aptitud, ya que durante años persiguieron y cazaron a sus presas recorriendo grandes distancias en zonas muy elevadas.

Derecha Un charro (vaquero) mexicano practica un lazo antes de una charrería

¡Viva México!

Durante la edad de oro del cine mexicano se le dio un carácter heroico a este deporte y estrellas como Pedro Infante hicieron que el estilo de vida del charro tuviera un aura de glamur en la gran pantalla. Hasta hoy, rara vez se paga a los charros por su participación; estos lo hacen por honor y por tradición.

Durante una gran parte de la historia de la charrería, este sentido del honor era considerado algo exclusivamente masculino y las mujeres tenían prohibido participar. Sin embargo, en 1972, Ana María Zermeño –nieta de unos influyentes promotores del deporte y más conocida como La Prieta– fundó una asociación de charras llamada Las Alteñitas de Guadalajara. Esta asociación luchó duramente para que las escaramuzas (las mujeres que practican la charrería) pudieran participar en el deporte y ayudó a cambiar la visión que se tenía de la mujer en la charrería. Actualmente, una de las suertes oficiales –conocida también como la escaramuza– la realizan únicamente mujeres.

Aunque en la segunda mitad del siglo XX disminuyó la popularidad de este deporte, en gran parte debido al intenso proceso de urbanización, la charrería sigue siendo un claro exponente de la tradición mexicana en la que todavía participan muchos aficionados de todo el país.

LOS HÉROES ENMASCARADOS

Mientras que la charrería nunca se convirtió realmente en un deporte televisado, la lucha libre mexicana es diferente. Este deporte es una versión de la lucha libre, en la que los luchadores se

HISTORIAS DE MÉXICO

Como charro, represento con gran orgullo una cultura, una identidad y un país. Así como escuchar un mariachi pone la piel de gallina, ser charro provoca las mismas emociones intensas.

La charrería forma parte del día a día de muchos mexicanos de las zonas rurales; es una costumbre profundamente arraigada y una tradición muy querida. Tanto mi padre como mis hermanos y mis hijos llevan con orgullo el título de charros y mis hermanas son escaramuzas.

La charrería no se perderá en un futuro inmediato, sobre todo porque a nuestros hijos les encanta este deporte, disfrutan de su intensidad y de su conexión con la naturaleza. Además, la Federación Mexicana de Charrería organiza numerosas competiciones juveniles. La charrería seguirá siendo el deporte nacional de México, ya que preserva las tradiciones ecuestres del país y es un símbolo del orgullo mexicano.

José Julio Villaseñor, miembro de la Federación Mexicana de Charrería, Baja California

Izquierda Una mujer
realiza la escaramuza

Arriba Un luchador
realiza un vuelo (un
gran salto) contra sus
oponentes

presentan en el cuadrilátero enmascara-
dos *(p. 150)* y realizan una serie de
maniobras muy estilizadas, que incluyen
grandes patadas y saltos, para luchar contra sus rivales. Todos los combates están
muy coreografiados y tienen una narrativa dramática que opone a los rudos
(los malos) con los técnicos (los buenos).
Aunque los ganadores están fijados de
antemano, eso no impide que la multitud
celebre el combate con gran entusiasmo,
gracias a la teatralidad del deporte.

La lucha libre mexicana nació en 1922,
cuando Salvador Lutteroth González, ins-
pirándose en la lucha grecorromana,
fundó la Empresa Mexicana de Lucha
Libre, en Ciudad de México. Sin embargo,
no fue hasta las décadas de 1950 y 1960
cuando el deporte se popularizó y los
combates empezaron a emitirse por la

televisión. Esto hizo que los luchadores se
convirtieran en nombres muy conocidos
y que estrellas como El Santo aparecieran
en películas de gran éxito como *El Santo
contra los zombis* (1961). Actualmente,
los combates siguen teniendo mucha
audiencia televisiva, pero la mayor liga de
lucha libre (la AAA) obtiene la mayoría
de sus ingresos por la venta de entradas y
los patrocinios, ya que algunos combates
llegan a tener hasta 17 000 asistentes.

A medida que la lucha libre se ha
popularizado, también se ha ido
haciendo más inclusiva. En el siglo XX el
deporte estaba estrechamente asociado
a las características del «macho», es
decir, la fuerza y la valentía; por lo tanto,
no se consideraba un pasatiempo
adecuado para las mujeres, que eran
consideradas figuras frágiles y pasivas.

Aunque algunas mujeres compitieron en el deporte durante las décadas de 1920 y 1930, en las décadas siguientes se las fue apartando y en 1954 se prohibió totalmente su participación. Las cosas empezaron a cambiar en los años 1990, cuando aumentó el número de luchadoras que se subían al *ring*. Aunque las ligas femeninas no pueden competir en popularidad con las de los hombres, el éxito de luchadoras como Lady Apache ha hecho que el deporte sea más accesible a las mujeres.

Las actitudes machistas también dificultaron la participación de los luchadores gais. Si bien desde la década de 1940 hay unos luchadores muy amanerados, conocidos como los exóticos, que participan en los combates, ninguno de ellos fue nunca abiertamente gay. Esto cambió en 1987

cuando Saúl Armendáriz se convirtió en el primer luchador que proclamó con orgullo su homosexualidad. Conocido como «Cassandro» en el *ring*, al principio tuvo que hacer frente a los prejuicios, pero con el tiempo consiguió triunfar y se hizo muy popular. En 2023 se estrenó *Cassandro*, una película sobre su vida y sobre la cultura de los exóticos en general.

LOS DEPORTES GLOBALES

Además de los deportes autóctonos, en México también hay espacio para modalidades deportivas surgidas en otras partes del mundo. La pelota vasca es un deporte muy popular en México que tiene su origen en el País Vasco español. Este juego de pelota llegó al país a principios del siglo XX con los

Arriba Estatua de un jugador de pelota vasca en Baja California

Derecha El delantero Hugo Sánchez durante un partido del Mundial de 1986

emigrantes vascos y actualmente tiene distintas variantes: puede jugarse con las manos, con un bate de madera o con una raqueta.

Otros de los deportes adoptados en México son conocidos en todo el mundo. Los tres favoritos en el país –el fútbol, el béisbol y el boxeo– han dado a los mayores ídolos deportivos: el delantero de fútbol y gran goleador Hugo Sánchez, el lanzador de béisbol Fernando Valenzuela y el boxeador Julio César Chávez. En 1990 Chávez se convirtió en una leyenda nacional cuando se repuso de una derrota casi segura y acabó venciendo a su oponente cuando tan solo quedaban cinco segundos de combate.

De estos tres deportes, el fútbol es el más popular y el evento deportivo más televisado. Desde que se profesionalizó en el país en 1943, su primera división,

la Liga MX, se ha convertido en una de las ligas de fútbol con más espectadores de toda América, con unas cifras de espectadores que no paran de crecer, tanto dentro como fuera de las fronteras mexicanas. Sin embargo, aunque la liga de fútbol es cada vez más importante, la verdadera pasión de los mexicanos es El Tri (la selección nacional). Cada vez que el equipo juega en un campeonato –sobre todo en el Mundial–, millones de mexicanos sueñan, se alegran y sufren juntos, siguiendo las peripecias de sus jugadores. Y aunque los resultados internacionales nunca han sido muy buenos, el fútbol sigue siendo una gran fuerza que une al país. Cuando los aficionados se reúnen en torno al televisor o se apiñan en el estadio, no esperan la victoria; lo más importante es el placer de jugar juntos.

Las MÁSCARAS de LUCHA LIBRE

En la lucha libre mexicana, la máscara es mucho más que un disfraz. Cada uno de estos objetos que cubren toda la cabeza –dejando agujeros para los ojos, la nariz y la boca– es un símbolo del honor, el prestigio y la identidad única de un luchador. También contribuye a dar un aire de misterio al luchador y permite separar el personaje público de su vida privada.

Circulan muchas historias sobre el origen de la máscara, pero, según se cuenta, el luchador estadounidense Corbin James Massey fue el primero que llevó una cuando llegó a México para competir en 1933. Cubierto por una sencilla máscara negra, La Maravilla Enmascarada, como era conocido, inmediatamente atrajo la atención del público. Así que este disfraz se popularizó enseguida y muchos otros luchadores empezaron a usar máscaras. Uno de ellos fue El Santo, que se convirtió en uno de los luchadores más famosos de la historia. Su máscara plateada, con la que fue enterrado, sigue siendo una de las más reconocibles del deporte. Otras de las más conocidas son la máscara azul y plata de Blue Demon (uno de los principales rivales de El Santo) y la máscara con la marca de la cruz de Rey Mysterio, otro luchador icónico. Si bien algunas máscaras son sencillas, otras son muy elaboradas e incluyen cuernos y joyas.

El uso de las máscaras se rige por unas convenciones y unas tradiciones muy estrictas. La retirada por la fuerza de la máscara de un luchador durante un combate conlleva la descalificación, mientras que los combates de «máscara contra máscara» implican una apuesta: el derrotado es desenmascarado y pierde públicamente su honor. En las familias en las que la lucha libre se remonta a varias generaciones, los padres llegan a transmitir a sus hijos el diseño de su máscara, y con esta, su prestigio público y su legado.

Danza tradicional

En una pista de baile, una fiesta o un teatro, en México la danza está en todas partes y supone algo más que mover el cuerpo al ritmo de la música. Los estilos de danza, que van del *ballet* a la bamba, muestran el variado pasado del país.

Al incorporar influencias europeas, africanas y caribeñas, sin olvidar las tradiciones indígenas, México ha forjado una escena de baile muy dinámica. Así que tanto si se trata de la danza azteca como del jarabe tapatío, lo cierto es que a los mexicanos les encanta bailar.

LAS IDENTIDADES INDÍGENAS

Para las culturas indígenas, la danza era una forma esencial de expresión religiosa. Los movimientos ritualizados, que incluían trajes elaborados y una percusión muy potente, se usaban para rendir homenaje a los dioses y conectar con los antepasados. Los bailarines aztecas se movían en un estado de euforia, siguiendo el ritmo del *huéhuetl* (un tambor decorado hecho con un tronco de árbol ahuecado). Para muchos grupos aztecas, el *huéhuetl* era la personificación de los ancestros de una comunidad y bailar siguiendo su ritmo creaba un canal vital entre el pasado y el presente.

Con la colonización, la danza indígena cobró una significación política. En Tlaxcala, base de los hombres de Hernán Cortés *(p. 38)*, se utilizaban complejas rutinas coreografiadas para dramatizar la lucha colonial. Los tlaxcaltecas vestían coloridos tocados y máscaras llamativas que representaban los rasgos europeos para describir los enfrentamientos entre los colonizadores y los grupos indígenas. Esta representación todavía se sigue realizando en la actualidad, cada año, en el carnaval tlaxcalteco.

Hoy en día, la danza azteca (que se conoce simplemente como *la danza*) es un elemento muy importante del panorama cultural mexicano. Los grupos de baile aztecas actúan en diferentes lugares desde los mercados hasta los festivales, y su popularidad no se debe a que sean una atracción turística, sino que forman parte de una celebración genuina del patrimonio indígena. Los descendientes de los aztecas no son el único grupo indígena que celebra su rica cultura de danza, ya que hay otras comunidades, como los purépechas *(p. 155)*, que interpretan danzas tradicionales para honrar su legado.

LOS RITMOS GLOBALES

Los estilos europeos, como el flamenco, llegaron a las ciudades portuarias, como Veracruz, con la colonización. A estos bailes europeos pronto les siguieron las influencias caribeñas y africanas, que fueron traídas por el comercio transatlántico de esclavos. El emblemático baile veracruzano de la bamba tiene elementos cubanos y africanos fusionados con movimientos del flamenco, mientras que el enérgico jarabe tapatío, una danza de cortejo típica de Guadalajara, está influido por

Arriba Bailarines
del Ballet Folklórico
de México

estilos españoles como los fandangos y las seguidillas. De hecho, muchos de los bailes más emblemáticos de México tienen su origen fuera de sus fronteras: los movimientos lentos, cadenciosos y melancólicos del danzón llegaron de Cuba a finales del siglo XIX y la danza folclórica conocida como cumbia se originó en Colombia.

Gracias a las influencias internacionales, la danza mexicana se ha formalizado, como lo demuestra el Ballet Folklórico de México. También conocido como Ballet Folklórico de Amalia Hernández –en honor a su fundadora–, esta compañía de danza se esfuerza por documentar los variados estilos de la danza folclórica de México, combinándolos con coreografías, técnicas y vestuario. El Folklórico ofrece espectáculos de temporada en el Palacio de Bellas Artes de Ciudad de México donde reside desde hace más de 60 años.

Amalia Hernández

Amalia Hernández (1917–2000) es considerada como la mujer que dio a conocer al mundo la danza y la música mexicanas. Nacida en Ciudad de México, empezó a bailar de niña y estudió en la Escuela Nacional de Danza. Sin embargo, descontenta ante la priorización de los estilos europeos y modernos, en 1952 fundó el Ballet Folklórico de México, que se centró en las formas de danza tradicionales mexicanas. A lo largo de su vida coreografió más de 60 danzas, que normalmente mezclaban las influencias indígenas y regionales con técnicas modernas.

EN EL MAPA

TIPOS DE DANZA

En México hay numerosos estilos de danza distintos, que pueden variar de un estado a otro, de una ciudad a otra e incluso de un pueblo a otro. Muchos hunden sus raíces en las comunidades indígenas del país y en sus tradiciones, mientras que otros son una amalgama o una evolución de estilos procedentes de lugares tan dispares como Europa y África. Este mapa muestra una pequeña selección de las danzas que existen en todo México.

En el estado de **Sonora**, la danza del venado reproduce una caza tradicional del venado por parte de los yaquis o los mayos. La danza está encabezada por «el venado», un bailarín que lleva los ojos vendados y una cabeza de venado disecada. Este imita los movimientos del animal, mientras es perseguido por «los cazadores», conocidos como pascolas. La danza también se representa en Sinaloa.

En la danza de los machetes, originaria de **Nayarit**, los bailarines –que a veces llevan una venda en los ojos– blanden sus cuchillos y luego los golpean unos contra otros. Todo forma parte de un complejo «ritual de cortejo» coreografiado, en el que los bailarines masculinos van vestidos con ropas sencillas y se esfuerzan por lograr el favor de sus elegantes compañeras.

La danza de los concheros del estado de **Querétaro** incorpora incienso, conchas y tocados de plumas. El baile, que combina los elementos indígenas con la imaginería cristiana y los instrumentos europeos, describe la transición de los dioses indígenas al culto católico.

Interpretada por las comunidades afromexicanas de **Oaxaca**, la danza de los Diablos rinde homenaje a un dios africano, Ruja. Con el paso del tiempo, este baile se fusionó con las tradiciones espirituales mexicanas y en la actualidad se representa en torno al Día de Muertos. La danza, que también se interpreta en Guerrero, va acompañada de un taconeado rítmico y cada uno de los bailarines lleva una máscara con una barba.

Originaria de Jarácuaro, en **Michoacán**, la danza de los Viejitos era interpretada en otros tiempos por los petámunis (ancianos) purépechas cada trimestre para marcar el paso de las estaciones. En la actualidad, es un ritual humorístico que se escenifica en las grandes fiestas y en el que cuatro participantes –disfrazados como viejos y con un bastón– tratan de seguir un ritmo cada vez más rápido.

ARTE MEXICANO

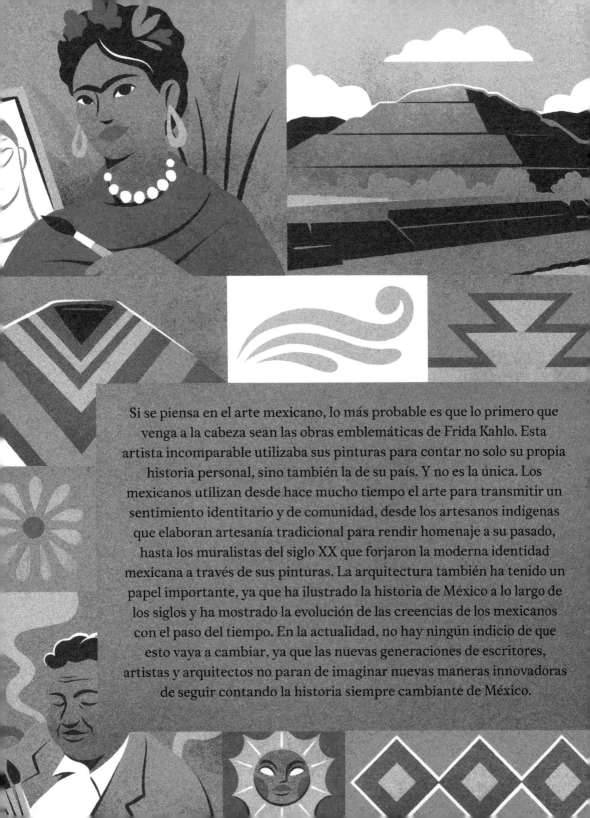

Si se piensa en el arte mexicano, lo más probable es que lo primero que venga a la cabeza sean las obras emblemáticas de Frida Kahlo. Esta artista incomparable utilizaba sus pinturas para contar no solo su propia historia personal, sino también la de su país. Y no es la única. Los mexicanos utilizan desde hace mucho tiempo el arte para transmitir un sentimiento identitario y de comunidad, desde los artesanos indígenas que elaboran artesanía tradicional para rendir homenaje a su pasado, hasta los muralistas del siglo XX que forjaron la moderna identidad mexicana a través de sus pinturas. La arquitectura también ha tenido un papel importante, ya que ha ilustrado la historia de México a lo largo de los siglos y ha mostrado la evolución de las creencias de los mexicanos con el paso del tiempo. En la actualidad, no hay ningún indicio de que esto vaya a cambiar, ya que las nuevas generaciones de escritores, artistas y arquitectos no paran de imaginar nuevas maneras innovadoras de seguir contando la historia siempre cambiante de México.

ARte mexicano a través Del tiempo

El arte mexicano es un testimonio de la riqueza cultural de la nación y entrelaza las tradiciones indígenas, las influencias del periodo español y el espíritu revolucionario.

En México el arte es desde hace mucho tiempo un medio para explorar y transmitir la identidad y las ideas. Las antiguas civilizaciones, como los olmecas y los aztecas, representaban lo que era importante para ellas, incluidos el mundo natural, la política y la religión. El periodo colonial, por su parte, trajo grandes transformaciones, con la introducción de nuevas ideas, materiales y técnicas procedentes de Europa. Tras la Revolución mexicana, el arte pasó a ser una vía cada vez más importante para establecer y difundir una identidad nacional unificada, además de un medio con el que reflejar el complejo patrimonio cultural del país, sus problemas políticos y los cambiantes puntos de vista.

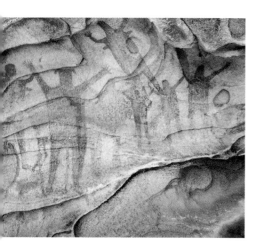

ARTE MILENARIO

Los primeros ejemplos de arte mexicano proceden de los habitantes nómadas del país, que dejaron su huella en las paredes de las cuevas que usaban como refugio temporal. Estas pinturas rupestres, que se remontan hasta el año 10 000 a. C., representan figuras humanas y de animales, muestran las preocupaciones asociadas a la caza y la recolección, así como diseños abstractos, que pueden estar relacionados con temas astronómicos. Con el cambio a una vida sedentaria, que se produjo en torno a 2000 a. C., empezaron a fabricar objetos de barro. Las figuras que representan a mujeres de caderas anchas se convirtieron en algo muy común y es posible que se usaran en rituales de fertilidad agrícola.

FORMAS EN DESARROLLO

A medida que se desarrollaron las sociedades, también lo hizo su arte. Las notables esculturas, cerámicas y murales que nos han legado son una prueba permanente de los complejos sistemas culturales del antiguo México. Los olmecas, por ejemplo, esculpían cabezas colosales en la roca basáltica. Estas esculturas representaban probablemente a los gobernantes, lo que demuestra la transición a una sociedad jerárquica y una forma de poder centralizada en

Arriba Mural maya de la antigua ciudad de Bonampak, en Chiapas

Izquierda Pinturas rupestres prehistóricas en la península de Baja California

torno a 1500 a. C. Por otro lado, los murales del siglo VIII de la antigua ciudad maya de Bonampak muestran los rituales de la vida cortesana, incluidas procesiones, la recepción de dignatarios extranjeros y escenas de sacrificios humanos. Los pintores de estos murales usaban una compleja paleta de pigmentos, incluido el sorprendente «azul maya», un color increíblemente vibrante y duradero, hecho con una mezcla de plantas y minerales.

Los aztecas de los siglos XIII y XIV practicaban formas de arte similares y también creaban piezas muy complejas usando plumas. Unos artesanos especiales, llamados amantecas, se dedicaban a elaborar tocados, escudos ceremoniales y

otros ornamentos utilizando plumas de una gran variedad de aves, entre ellas las muy preciadas plumas iridiscentes del quetzal. Las plumas representaban a seres celestiales y se consideraban sagradas, así que estos objetos eran usados principalmente por las clases más altas con fines rituales –se creía que quienes las llevaban se convertían en seres divinos–.

Basándose en técnicas usadas por civilizaciones mesoamericanas más antiguas, los aztecas también producían cerámica, que se elaboraba con arcilla roja y naranja, se cocía en hogueras y se decoraba con pigmentos naturales.

Mientras algunos de estos objetos se creaban para ser usados a diario por todos los estratos de la sociedad, como las

Arriba Colorido tapiz de lana *nearika*

Arriba a la derecha Aguja de la iglesia de Santa María de Tonantzintla

ollas en las que cocían los frijoles o dejaban en remojo los granos de maíz, otros eran más elaborados y se utilizaban en los rituales, como los quemadores de incienso y las urnas funerarias.

LA FUSIÓN DE ESTILOS

Tras la llegada de los españoles en el siglo XVI, se produjo una fusión del arte europeo e indígena, que dio lugar a un nuevo estilo: el tequitqui. Los artesanos indígenas locales empezaron a decorar los nuevos conventos e iglesias construidos por los frailes españoles. Usando las técnicas tradicionales de

escultura en piedra, combinaban los temas católicos con los símbolos indígenas. Estos solían estar relacionados con la naturaleza e incluían, entre otros, la agricultura, la fertilidad, las estaciones y el árbol de la vida. La iglesia de Santa María de Tonantzintla es un buen ejemplo de este estilo. Construida en el emplazamiento de un antiguo templo consagrado a la diosa madre de los aztecas, Tonantzin, está decorada con figuras de yeso de ángeles —muchos de ellos de piel oscura—, rodeadas de coloridas plumas y de motivos de flores, frutas y plantas.

160

Por ejemplo, los wixaritari (o huicholes), de la región de Sierra Madre Occidental, tienen la tradición ancestral de crear unas coloridas tablillas llamadas *nearika*, adhiriendo lana y cuentas de colores en una capa de cera y resina, para crear unos diseños muy elaborados. Cada pieza es considerada una oración y una ofrenda a los dioses. En la antigüedad se elaboraban muy probablemente con semillas, pero hoy en día se usan cuentas o lana importados.

LA CREACIÓN DE UNA IDENTIDAD NACIONAL

Después de la Revolución mexicana a principios del siglo XX *(p. 40)*, surgió una nueva forma de arte basada en el legado artístico del país: el muralismo. Con el objetivo de crear una identidad nacional cohesionada, tras años de conflicto, el Gobierno mexicano encargó a varios artistas, entre ellos Diego Rivera, David Alfaro Siqueiros y José Clemente Orozco —conocidos como «Los tres grandes»—,

En los siglos posteriores los artesanos locales siguieron produciendo una artesanía tradicional y un arte popular muy vinculados a los objetos creados por las primeras civilizaciones mesoamericanas. Al igual que ocurría con el tequitqui, los elementos de la naturaleza, como animales, plantas y flores, eran uno de los temas principales. Estas artesanías mexicanas se producían en una gran variedad de soportes, como bordados y telas, objetos de alfarería delicadamente trabajados, tallas de madera y elaboradas piezas de joyería hechas con plata y oro *(p. 168)*. Muchas veces una comunidad se especializaba en una artesanía concreta y transmitía sus conocimientos de generación en generación durante siglos, una práctica muy común todavía en la actualidad.

Luz Jiménez

Luz Jiménez era una hablante nativa de náhuatl, originaria de una zona rural. A principios de los años 1920 se trasladó a Ciudad de México y rápidamente se convirtió en una modelo muy popular entre los artistas, que la veían como la encarnación del ideal de belleza indígena. Su imagen aparece en murales y monumentos repartidos por toda la ciudad, pero también trabajó como asesora de lingüistas y etnógrafos. Dejó como legado su testimonio de primera mano de la Revolución mexicana y de la vida en el México rural.

que pintaran las paredes de los edificios públicos, iniciando así el movimiento muralista. El motivo por el que se eligió el mural como forma artística era doble: en primer lugar, porque tenía una larga tradición en el país, que se remontaba a las pinturas murales mesoamericanas, lo que alimentaba un sentido de continuidad con el pasado; y en segundo lugar, porque era una expresión artística accesible. En aquella época la gran mayoría de los mexicanos eran analfabetos, pero los murales permitían desarrollar un lenguaje artístico muy claro, que todos podían entender y disfrutar.

Los murales de esa época celebraban el legado indígena del país, glorificaban los ideales de la revolución y transmitían un sentimiento de orgullo nacional. Los murales se desarrollaron al mismo tiempo que la *mexicanidad* (básicamente, la esencia de lo que significa ser mexicano), que estaba ligada a un intenso orgullo por la rica historia del país. Algunos de estos murales, como *La gran ciudad de Tenochtitlán*, de Diego Rivera, reproducían

el pasado, mientras que otros eran fruto de la ideología claramente socialista de sus autores y mostraban a gente corriente, como obreros y campesinos, representada como héroes que luchaban por el futuro de México. Muchas de estas obras también ponían de relieve los complejos problemas sociales del país, una tendencia que sigue en la actualidad con la nueva generación de muralistas.

EL ARTE CONTEMPORÁNEO

La escena artística mexicana actual sigue reflejando el complejo legado cultural del país, sus problemas sociales

Arriba a la derecha
Betsabée Romero delante de su obra *El altar*, que se inspira en las celebraciones mayas

Arriba a la izquierda
El mural *La historia de México*, de Diego Rivera, en el Palacio Nacional de Ciudad de México

y su identidad moderna. Muchos artistas mexicanos contemporáneos están al frente de prácticas innovadoras y experimentales y, al mismo tiempo, se inspiran en las raíces indígenas. Francisco Toledo, Betsabée Romero y Demián Flores, por ejemplo, incorporan símbolos e iconografía mesoamericana en sus obras. Romero usa la imaginería tradicional mexicana para explorar temas complejos relacionados con el género y la emigración. Flores, por su parte, fundó el colectivo Taller Gráfica Actual en la ciudad de Oaxaca, para que sirviera de espacio creativo dedicado a los medios tradicionales, como la litografía y el grabado, pero influidos por los diseños contemporáneos. La obra de este artista no solo celebra la cultura indígena, sino que también aborda problemáticas como la identidad, la colonización y la preservación de los conocimientos tradicionales.

Por otro lado, el arte de Teresa Margolles arroja luz sobre la violencia y las muertes provocadas por la delincuencia relacionada con la droga, la pobreza y las convulsiones políticas. Sus obras tienen una conexión material con la muerte, ya que muchas de ellas incluyen elementos físicos relacionados con esta, como sábanas manchadas de sangre, fragmentos de vidrio, balas e hilos quirúrgicos usados.

El arte contemporáneo también florece en los márgenes de Ciudad de México gracias a colectivos jóvenes que crean pequeñas galerías alejadas de los grandes centros artísticos. Pequeñas salas de exposición temporales exploran desde la decadencia ecológica hasta las infraestructuras urbanas progresistas. Con tanto talento, está claro que surgirán nuevos artistas que crearán obras que definirán la moderna nación mexicana.

ARTISTAS MEXICANOS MODERNOS

Miguel Calderón A través de la fotografía, el vídeo, las *performances* y la música, Calderón explora temas sombríos con una mirada irónica y pone de relieve la corrupción y la violencia del país.

Minerva Cuevas Usando logotipos de marcas y una variedad de objetos familiares, la obra de Cuevas invita a la reflexión sobre las estructuras que subyacen en los sistemas sociales y económicos.

Francisco Toledo Combinando las tradiciones populares, Francisco Toledo crea pinturas, grabados, fotografías y objetos de cerámica que representan un mundo habitado por animales fantásticos.

Pedro Reyes Reyes busca respuestas lúdicas para los problemas sociales, subvirtiendo muchas veces el uso de los objetos cotidianos. En uno de sus proyectos convirtió armas de fuego en varios instrumentos musicales.

Betsabée Romero Usando materiales reciclados, Romero explora la movilidad, la inmigración, el género y las tensiones entre la sociedad industrializada y las tradiciones indígenas locales de México.

OBRAS ICÓNICAS DEL ARTE MEXICANO

Ya sea desafiando a los espectadores con sus estilos vanguardistas o simplemente retratando las dificultades de la clase obrera, los antiguos artesanos, los extraordinarios muralistas y los innovadores pintores mexicanos han contribuido enormemente a la escena artística mundial. Estos son algunos ejemplos de las grandes obras artísticas creadas en el país durante el siglo XX.

EL HOMBRE CONTROLADOR DEL UNIVERSO (1934), DIEGO RIVERA

Diego Rivera es uno de los artistas mexicanos más famosos y este enorme mural muestra por qué. Encargado en 1932 por el empresario estadounidense John D Rockefeller, este enorme fresco representa al trabajador común, rodeado por las fuerzas ideológicas antagónicas del capitalismo y el comunismo. El propio Rivera era comunista, así que incluyó un retrato del revolucionario ruso Vladimir Lenin, lo que disgustó tanto a la familia Rockefeller que acabó ordenando que se repintara el mural original. Rivera pintó otra versión en el Palacio de Bellas Artes de Ciudad de México, donde todavía puede admirarse.

AUTORRETRATO CON COLLAR DE ESPINAS Y COLIBRÍ (1940), FRIDA KAHLO

Actualmente es un icono de la cultura popular, pero durante muchos años Frida Kahlo *(p. 166)* vivió a la sombra de su marido, Diego Rivera. Sin embargo, pinturas como este autorretrato muestran por qué, en los últimos años, Kahlo ha eclipsado en fama internacional a su antiguo marido. Pintado tras divorciarse de Rivera, este cuadro está lleno de sufrimiento, sobre todo por el collar de espinas que corta el cuello de la artista (lo que recuerda a la corona de espinas de Cristo, en un guiño a las tradiciones católicas mexicanas) y por el colibrí muerto (este pájaro era un mensajero del amor y las buenas noticias en la antigua cultura azteca). Como gran parte de las mejores obras de Kahlo, esta pintura es una potente síntesis de la iconografía mexicana y del sufrimiento personal de la artista.

ECO DE UN GRITO (1937) DAVID ALFARO SIQUEIROS

Aunque es conocido como uno de los grandes muralistas mexicanos, Siqueiros *(p. 162)* también pintó decenas de cuadros, incluida esta obra de 1937. Esta pintura ejemplifica el uso de materiales y técnicas experimentales por parte de Siqueiros, ya que solía utilizar madera en lugar de lienzos y pinturas acrílicas (o, en este caso, esmalte) en vez de pinturas al óleo. Esta potente obra representa a un niño en un grito agónico, rodeado de un paisaje devastado.

TRES PERSONAJES (1970), RUFINO TAMAYO

Rufino Tamayo es uno de los artistas mexicanos más importantes y su obra capta el misticismo de la cultura mexicana usando técnicas y estilos de la vanguardia europea. *Tres personajes* muestra a un hombre, una mujer y una tercera figura andrógina de un modo abstracto y en unos intensos tonos púrpura, ocre y amarillo. Con ecos del cubismo y del expresionismo abstracto, Tamayo presenta una imagen que es profundamente evocadora y ambigua.

1 Rivera pintando su mural en el vestíbulo del Rockefeller Center de Nueva York

2 Detalle del autorretrato de Frida Kahlo, con un colibrí y un collar de espinas

3 *Eco de un grito,* pintado sobre madera

4 El asombroso vanguardismo del cuadro *Tres personajes*

FRIDA KAHLO

Frida Kahlo (1907-1954) dejó una huella duradera con su conmovedora historia personal y su obra única. Nacida en Coyoacán, en Ciudad de México, la vida de Kahlo estuvo marcada por los problemas tanto físicos como emocionales. A los 6 años tuvo la polio y en la adolescencia sobrevivió de milagro a un accidente de autobús. En los primeros años de su vida adulta entabló una tumultuosa relación con Diego Rivera, a quien conoció a través de su trabajo con el Partido Comunista Mexicano.

Estas experiencias, unidas a la singular imaginación de Kahlo, alimentaron su creación artística. Su obra está formada en gran medida por autorretratos ricos en simbolismo folclórico mexicano. Obras como *Las dos Fridas* (1939) y *La columna rota* (1944) reflejan la doble identidad europea e indígena, y celebra al mismo tiempo el empoderamiento femenino. Su cuadro *Moisés* (1945) es un mosaico de imágenes feministas, socialistas y aztecas, que capta el espíritu revolucionario de su obra. La extraordinaria producción de Kahlo duró menos de tres décadas, ya que murió inesperadamente a los 47 años.

El legado de Frida Kahlo perdura en la actualidad. Su imagen ha inspirado a una nueva generación y sus retratos se han convertido en un faro para los oprimidos y los marginados. Algunos críticos contemporáneos han observado que la fama de la obra de Kahlo ha tenido un coste para otras artistas femeninas, cuya obra ha quedado eclipsada por la monumental marca de Kahlo.

ARtesanía

Durante miles de años los artesanos mexicanos han creado exquisitos objetos de artesanía usando diferentes materiales y técnicas sofisticadas que se han transmitido de generación en generación.

Las artesanías mexicanas tienen una gran variedad de influencias, estilos y colores. El término genérico de artesanías cubre un amplio abanico de arte popular del país e incluye desde objetos funcionales, como platos, tejidos, cristalerías..., hasta objetos decorativos, como adornos de pared y esculturas. Las creaciones artesanas, tanto si se han diseñado para decorar una casa como para mostrar el rango social o simplemente para servir la cena, son una parte muy importante del patrimonio artístico mexicano.

LAS PRIMERAS CREACIONES ARTESANAS

La tradición mexicana de arte popular y artesanía se remonta a las grandes civilizaciones mesoamericanas. Los alfareros del Imperio olmeca desarrollaron las primeras técnicas para cocer el barro. En las antiguas ciudades olmecas de Tajín y La Venta se han descubierto objetos de barro cocido con formas antropomórficas. Muchas de sus creaciones artesanas, incluidas las efigies de barro de dioses, estaban relacionadas con prácticas espirituales, mientras que otras, como las joyas de oro y jade, se usaban para mostrar el estatus.

A medida que fue surgiendo una élite social en las ciudades del imperio, la demanda de objetos artesanos de lujo creció. Los arqueólogos han descubierto una gran variedad de elaborados objetos esculpidos hechos con jade y obsidiana en toda la región mesoamericana y sus alrededores.

Los antiguos mayas del sur de México eran grandes escultores y tallaban iconos en piedra, madera, hueso o barro cocido. En la época de máximo esplendor del Imperio maya, entre 200 y 800 d. C., los gobernantes empleaban a respetados artesanos y picapedreros para decorar los edificios reales de ciudades-estado, con grandes figuras de piedra de deidades o seres divinos.

LOS ARTESANOS AZTECAS

La artesanía floreció bajo el Imperio azteca en los siglos XIV y XV, con el desarrollo de técnicas innovadoras y la expansión de las redes comerciales. Los artesanos, incluidos los ceramistas, los trabajadores del metal, los tejedores, los trabajadores de las plumas y los escribas, pertenecían a una clase venerada conocida como los toltecas (recibieron el nombre de la antigua civilización tolteca, que los aztecas respetaban por su ingenio). Los artesanos del imperio trabajaban en grandes talleres y producían delicados artículos que eran vendidos e intercambiados gracias a un floreciente sistema comercial, sobre todo en los grandes mercados callejeros situados alrededor de la capital, Tenochtitlán

Arriba a la izquierda
Un ceramista moldea a mano el barro

Arriba a la derecha
Una joven con un mantón tradicional tejido a mano

(p. 36). Las fuentes históricas muestran que se comerciaba ampliamente con los textiles y los tejidos y que las piezas decorativas podían alcanzar precios muy elevados en función de la calidad de los diseños. La cerámica era otra artesanía muy valorada en todo el imperio y los expertos artesanos moldeaban y cocían vasijas, herramientas e incluso instrumentos musicales a mano.

Los mejores objetos artesanos estaban reservados a la nobleza del imperio. Los nobles se adornaban con capas y tocados de plumas y también llevaban elaboradas joyas, incluidos pendientes, argollas nasales y pulseras. Las joyas se tallaban en materiales naturales, como el hueso, la madera o las conchas, o se creaban a partir de metales y piedras, como el oro, el jade y el topacio. Si bien estos artículos más refinados estaban destinados a las clases más altas, había otros productos decorativos menos sofisticados que estaban al alcance de las clases bajas.

NUEVAS TÉCNICAS
Muchas de las técnicas tradicionales mexicanas cambiaron con la llegada de

Vida Nueva

Fundada en 1994, la cooperativa de mujeres tejedoras Vida Nueva, de Oaxaca, ayuda a las mujeres solteras, viudas, que tienen maridos emigrantes o que han sufrido violencia doméstica. Situada en Teotitlán del Valle, la cooperativa confecciona y vende hermosas alfombras hechas con técnicas de tejido tradicionales y tintes naturales, y los beneficios que obtiene se destinan a ayudar a las mujeres que disponen de pocos recursos. La cooperativa también organiza talleres locales sobre temas como la violencia doméstica y el alcoholismo.

nuevas herramientas, productos y técnicas procedentes de Europa durante los siglos XVII y XVIII. La introducción del torno alfarero y de los hornos con la parte superior abierta hizo que la cerámica entrara en una nueva era. La ahora tan famosa cerámica de Talavera (p. 173) empezó a producirse en el estado de Puebla, usando técnicas europeas, pero con un material único, una arcilla volcánica, que es perfecta para crear objetos cerámicos complejos.

Los españoles también trajeron nuevas técnicas para trabajar el metal. Estos métodos influyeron en los pueblos indígenas del estado occidental de Michoacán, que desde entonces son conocidos por sus trabajos con el cobre en vasijas, jarrones y utensilios de cocina con magníficos diseños.

EL RENACIMIENTO DE LA ARTESANÍA

A pesar de la influencia de las importaciones y los productos fabricados en Estados Unidos y China durante los siglos XX y XXI, en México todavía hay espacio para los productos artesanales. En el norte y el oeste del país, por ejemplo, los wixaritari (o huicholes) crean joyas y esculturas gigantescas de alegres colores, usando miles de cuentas delicadamente tejidas o pegadas.

En el estado de Oaxaca, la localidad de Teotitlán del Valle es conocida por sus tejidos, ya que en ella se elaboran alfombras y tapices con una gran variedad de tintes naturales –que van del ocre al índigo y del terracota al dorado–, usando viejas técnicas y tradiciones. Por su parte, las tejedoras de los estados de larga tradición textil, como Chiapas, en el sur, cada vez son más importantes para la industria de la moda mexicana, ya que su uso de colorantes naturales y de técnicas con siglos de antigüedad proporciona inspiración para un futuro sostenible.

No solo la moda está cada vez más influida por las antiguas técnicas artesanales. La capital del país se ha convertido en un importante centro del arte y el diseño contemporáneos, gracias a talleres como Ewe Studio, donde se crean esculturas y muebles vanguardistas que rinden homenaje a las tradiciones mexicanas y que llevan la artesanía a unas nuevas cotas. Entre estas piezas, hay jarrones inspirados en vasijas rituales o muebles tallados en obsidiana negra. Las tradiciones se están adaptando para crear nuevos artículos, pero aún es posible comprar productos artesanales originales en los numerosos mercados de artesanía del país, tal como hacían los aztecas hace varios siglos.

HISTORIAS DE MÉXICO

Creo joyas desde hace 13 años. En mi adolescencia, conocí a gente en la plaza de mi localidad natal que me enseñó a hacer pulseras usando hilos. Más tarde, asistí a un taller de joyería y aprendí los orígenes antiguos de esta práctica. En la actualidad, vendo mis creaciones en la calle principal de Zipolite, en el estado de Oaxaca.

En el México precolonial, la joyería se usaba para mostrar el rango social y las culturas antiguas usaban piedras preciosas y plumas, además de materiales como el oro. Cada pieza tenía su propio significado. Las joyas se creaban para que las llevaran los nobles y los sacerdotes o como ofrenda a los dioses.

Estas culturas antiguas siguen inspirando mi trabajo, que combina los metales y las piedras preciosas, así como las plumas y otros objetos. La cultura de los mexicas y los zapotecas son las que más me han influido, pero la naturaleza también es una importante fuente de inspiración.

De todas maneras, mi parte preferida de crear joyas es que no hay dos piezas iguales: me gusta que todo sea único.

Sandra Irán Pradel Gutiérrez,
Milpa Alta

ARTESANÍA TRADICIONAL

Los hábiles artesanos mexicanos son los custodios de unas técnicas excepcionales que se han ido perfeccionando durante generaciones. El hecho de que usen unos recursos locales únicos hace que las creaciones artesanas varíen mucho de una región a otra; algunas de estas creaciones se pueden encontrar en todo el mundo, pero deben su existencia a un solo pueblo o ciudad. Estas son algunas de las artesanías más destacadas del país.

El arte huichol, tradicionalmente destinado a dar forma a las visiones chamánicas de los wixaritari (o huicholes), es originario de **Jalisco**. Los artesanos crean máscaras, figuras de jaguares e incluso joyas, usando sobre todo lana y cuentas. Un ejemplo muy destacado de este arte huichol es el Volkswagen Escarabajo decorado con cuentas conocido con el nombre de Vochol.

El proceso de pulido con una piedra de cuarzo antes de la cocción es lo que da al barro negro, del estado de **Oaxaca**, su color y su acabado brillante. Los delicados recortes y relieves también confieren una gran originalidad a este estilo de cerámica. Las piezas de barro negro se producen tradicionalmente en la localidad de San Bartolo Coyotepec.

La creación de artículos de cobre en la localidad de Santa Clara del Cobre, en **Michoacán,** es un proceso artesanal que se remonta a la época mesoamericana y que ha perdurado hasta nuestros días. Cada pieza –normalmente utensilios de cocina como cazuelas, sartenes y tazas– es única, ya que se moldea a mano siguiendo la tradición.

Comúnmente asociados con la localidad de Metepec, en el estado de **México,** los árboles de la vida son unos adornos de cerámica muy decorativos que se suelen regalar en las bodas. Aunque los ejemplos modernos describen a veces historias personales o se centran en temas específicos, la mayoría de ellos son de temática religiosa.

El uso del blanco y el azul es lo que distingue las creaciones de Talavera de **Puebla** –como azulejos, teteras o platos– de otros tipos de cerámica. Además, para elaborarla se siguen empleando arduos procesos (como la purificación de dos tipos de arcilla). Esta loza de Talavera típica de México ha sido declarada Patrimonio Cultural Inmaterial por la Unesco.

ALEBRIJES

Estas pequeñas esculturas, que suelen ser de madera y representan animales, conocidas como alebrijes, son uno de los productos artesanos más emblemáticos (y populares) de México. Con sus vivos colores, sus motivos intrincados pintados a mano y su naturaleza sorprendente, representan a criaturas tanto reales como imaginarias. Sin embargo, al contrario de lo que la película *Coco* (2017), de Disney, pueda hacer creer, no son «guías de los espíritus» y su antigüedad tan solo se remonta a principios del siglo XX.

Inventados por el cartonero de Ciudad de México Pablo Linares en 1936, los alebrijes nacieron –o al menos así lo cuenta la leyenda popular– debido a un sueño febril, durante el cual el artista tuvo alucinaciones y vio unos seres fantásticos que cantaban una palabra «sin sentido»: *alebrije*. Una vez recuperado, Linares recreó estos seres fantásticos en papel maché, usando alambre para la estructura, cartón para el volumen y papel de periódico para la forma, y luego los pintó con colores y diseños vivos. Con el tiempo, estas figuras se popularizaron gracias a artistas famosos como Diego Rivera y Frida Kahlo, que los compraban y los exponían en sus casas.

No obstante, en la actualidad el tipo de alebrije más conocido es el de Oaxaca. Cuando los tallistas de esta zona descubrieron esta creación típica de Ciudad de México, empezaron a producir delicados alebrijes usando madera de copal –el tallado de la madera ya era una artesanía muy popular en la región–, que luego pintaban con elaborados motivos. Los animales más representados son los armadillos, los gatos y los dragones y, aunque se suele decir que los alebrijes oaxaqueños representan a los nahuales zapotecos (unos guardianes espirituales), se trata de una teoría ampliamente descartada, cuya finalidad es dar un poco de «sabor» y autenticidad a lo que en realidad es una invención reciente. Sin embargo, aunque no tengan el significado místico que muchos presuponen, los alebrijes siguen siendo un ejemplo muy popular de la artesanía contemporánea mexicana.

Literatura Mexicana

Relatos del cosmos contados por chamanes, versos políticos escritos por feministas, nuevos géneros surrealistas creados por novelistas; el canon literario mexicano se ha formado gracias a las aportaciones de generaciones de innovadores.

La literatura mexicana contemporánea se ha consolidado poco a poco a nivel internacional, gracias al éxito de las traducciones y a los jóvenes escritores nominados para prestigiosos galardones. Sin embargo, detrás de la innovadora industria editorial mexicana hay una larga lista de autores que han desafiado el orden social y que han ido forjando un extraordinario, y muchas veces claramente político, canon literario.

LAS PRIMERAS HISTORIAS

La narrativa oral, en forma de poemas, oraciones, mitos e invocaciones, marcó el inicio de la tradición literaria mexicana. Para las primeras grandes civilizaciones –los olmecas, los aztecas y los mayas–, contar historias era una forma básica de dar un sentido al cosmos y los primeros relatos fundacionales *(p. 50)* solían ser narrados, a modo de ritual colectivo, por un chamán que se había formado en el arte de la narrativa. Los mayas fueron una de las primeras sociedades de México que desarrollaron un complejo sistema de glifos y pictogramas, pero se basaban en la tradición oral y han dejado muy pocos testimonios escritos.

LA PALABRA ESCRITA

La narrativa indígena cambió para siempre con la llegada del alfabeto latino en el siglo XVI. Con ello, nació una nueva era de testimonios escritos, gracias a conquistadores como Bernal Díaz del Castillo, que escribió libros sobre los

pueblos indígenas mexicanos que fueron leídos en toda Europa, entre ellos *La conquista de Nueva España* (1568). Además, los narradores indígenas también empezaron a usar el nuevo alfabeto, con lo que pudieron conservar los conocimientos tradicionales de forma escrita. Durante los siglos XVII y XVIII los amanuenses crearon a mano obras ilustradas, incluidos diversos códices aztecas del siglo XVI y partes de los épicos *Chilim Balam* mayas.

EL BARROCO MEXICANO

En el siglo XVII, el choque entre los conocimientos indígenas y la teología católica dio lugar a un nuevo movimiento: el barroco mexicano. Este estilo denso, pero ameno, marcado por los temas religiosos y políticos, estuvo al principio muy influido por los intelectuales españoles de México, como Antonio de Solís y Ribadeneyra, cuya *Historia de la conquista de México* (1684) se convirtió en un clásico de la prosa. Por otra parte, la monja mexicana sor Juana Inés de la Cruz (1648-1695) fue una pionera de la poesía barroca, con obras protofeministas como *Primero sueño* (1692), en las que defendía con

Arriba a la izquierda La monja y poeta del barroco sor Juana Inés de la Cruz

Arriba a la derecha La cubierta en inglés de la primera edición de *Los de abajo* (1920) de Mariano Azuela

elocuencia el derecho de las mujeres a tener una vida intelectual. Reconocida como una pionera por los católicos en su día, se la acabó llamando cariñosamente «el Fénix de América», ya que sus obras prepararon el camino para una nueva escuela de textos políticos.

DICIENDO LAS VERDADES AL PODER

El estilo barroco dominó el panorama literario mexicano hasta la guerra de la Independencia, cuando una serie de escritores con una gran carga política empezaron a tratar la idea de la autonomía nacional. En 1816, en un momento en que la lucha se intensificaba, el escritor mexicano José Joaquín Fernández de Lizardi escribió *El Periquillo Sarniento*. Esta incisiva obra política –considerada

actualmente como la primera novela latinoamericana– está escrita en un momento crucial de la historia de México. Siguiendo las aventuras de Pedro Sarmiento, un personaje moralmente cuestionable, la novela expone la corrupción de la Administración española. Esta crítica fue muy popular entre el público mexicano, pero los últimos volúmenes del libro fueron muy censurados por el Gobierno.

El poder político de la literatura mexicana se intensificó durante la Revolución (1910-1917), cuando jóvenes escritores como Mariano Azuela publicaron unos relatos viscerales sobre el conflicto que asolaba el país. Su influyente novela de 1920 *Los de abajo* detalla las experiencias sociales y políticas de los jornaleros agrícolas durante la Revolución. Traducida al

inglés poco tiempo después de su publicación, la novela fue uno de los primeros superventas internacionales mexicanos y cautivó a los lectores con sus historias sobre la guerra revolucionaria.

EL BOOM LATINOAMERICANO

Tras el éxito de *Los de abajo* se produjo una eclosión de la industria editorial mexicana. A mediados del siglo XX, el denominado boom latinoamericano hizo que autores mexicanos como Carlos Fuentes lograran notoriedad mundial y que los lectores de todo el mundo acogieran con avidez las obras imaginativas llegadas de Latinoamérica. Esto se debió en gran parte al surgimiento del realismo mágico, un género que combina el realismo social y la fantasía.

Cien años de soledad (1967), del autor colombiano Gabriel García Márquez, es considerado el ejemplo definitorio del realismo mágico, pero este se inspiró, en gran medida, en la obra *Los recuerdos del porvenir* (1963) de la escritora mexicana Elena Garro.

Al mismo tiempo, los poetas mexicanos innovadores, como el ganador del Premio Nobel Octavio Paz, estaban cambiando los parámetros de la poesía. Las primeras obras de este tienen una gran carga política y cuestionan la importancia de la fe, la tradición y el activismo.

NUEVAS VOCES

La política sigue alimentando la literatura actual gracias a una nueva generación de novelistas que escriben obras con unos estilos formalmente

LIBRO GUADALAJARA **INTERNATIONAL** FERIA IN

#YaMeCansé

No porque
mañana pueda ser
yo,
sino porque hoy
n...
q...

Villoro

Arriba Carmen
Aristegui y Lydia
Cacho protestando
por las amenazas
a los escritores

Izquierda Octavio Paz,
en el centro a la
izquierda, con
un grupo de
estudiantes en la
Universidad de Cornell

innovadores. En la última década ha
resurgido el interés por la producción
literaria de México, con escritoras como
Fernanda Melchor y Brenda Navarro.
Además, hay un grupo de audaces
periodistas de investigación, entre las
que se encuentran Carmen Aristegui y
Lydia Cacho, que encabezan una oleada
de escritores de no ficción muy incisivos,
que abordan la corrupción del Gobierno,
a pesar de las intimidaciones y la
amenaza de censura.

México, como potencia literaria
latinoamericana, cuenta hoy con la
industria editorial más próspera de la
región. Después de todo, la narración
de historias sigue siendo un medio muy
importante para desafiar el *statu quo*
y abordar la dura realidad.

OBRAS FUNDAMENTALES

Pedro Páramo (1955) de Juan Rulfo
Obra clave del realismo mágico,
Pedro Páramo narra el viaje de un
hombre al pueblo fantasma de
ficción de Comala.

Aura (1962) de Carlos Fuentes
Fuentes fue uno de los autores
más destacados del boom
latinoamericano y *Aura*, una
novela corta gótica, es un buen
ejemplo de realismo mágico.

Las batallas en el desierto (1981)
de José Emilio Pacheco
Conmovedora historia
ambientada en Ciudad de México
posterior a la Segunda Guerra
Mundial que explora el amor de un
adolescente por la madre de un
compañero de clase.

La noche de Tlatelolco (2018) de
Elena Poniatowska
Un desgarrador relato de la
masacre de estudiantes en
la plaza de Tlatelolco de 1968.

ARQUITECTURA Y DISEÑO

La arquitectura mexicana muestra la evolución histórica de la nación a través de las pirámides mesoamericanas, las iglesias de la época colonial y las estructuras contemporáneas.

Quizá la pirámide de Chichén Itzá y la basílica de la Virgen de Guadalupe sean los edificios más famosos de México, pero estas magníficas estructuras, que constituyen un vestigio de las civilizaciones pasadas y del periodo colonial del país, son tan solo una pequeña parte de la historia arquitectónica de México. Con 35 sitios declarados Patrimonio de la Humanidad por la Unesco y numerosas maravillas modernas, las construcciones del país cuentan una historia de innovación, conquista y orgullo nacional.

ARQUITECTURA MESOAMERICANA

Los imperios mesoamericanos mexicanos fueron pioneros en el ámbito de la arquitectura. Los mayas y los aztecas crearon una de las formas arquitectónicas más reconocibles del país: la pirámide escalonada (p. 184). Creadas para imitar las montañas del centro y del sur de México, estas estructuras elevadas y de cuatro lados se construían amontonando una gran cantidad de tierra, que luego se cubría de grandes piedras. Las pirámides se creaban en un estilo escalonado conocido como talud-tablero, que contribuía a darles su forma característica y sus distintos niveles inclinados.

Muchas de las pirámides se construyeron siguiendo principios astronómicos. El templo de Kukulcán (también conocido como El Castillo) de Chichén Itzá, en el estado de Yucatán, es un buen ejemplo. Esta estructura tiene 365 peldaños en total, uno para cada día del calendario solar maya. Las pirámides solían estar coronadas por templos y estos, a su vez, estaban cubiertos por tejados con crestas, unos elementos decorativos que pretendían imitar los tocados usados por los gobernantes.

ESTÉTICA ESPAÑOLA

En un esfuerzo por reafirmar su dominio sobre la región y para evangelizar a la población indígena, los colonizadores

Plaza de las Tres Culturas

La mejor representación visual de los principales periodos arquitectónicos de México se obtiene en la plaza de las Tres Culturas de la capital. Inaugurada en 1964, esta plaza muestra los tres estilos definitorios del país: las ruinas del complejo de pirámides de Tlatelolco, construido por los aztecas, el templo de Santiago Apóstol, erigido por los españoles sobre una pirámide en el siglo XVI, y la moderna torre del Centro Cultural Universitario.

Arriba El templo
barroco de Santo
Domingo,
en Oaxaca

españoles construyeron estructuras católicas sobre los sitios sagrados preexistentes, incluidos los templos, usando muchas veces las mismas piedras de las estructuras que habían destruido.

Las primeras construcciones fueron en su mayoría complejos monásticos, en lugar de iglesias aisladas. Esto se debió en gran parte a que los primeros misioneros eran monjes franciscanos, dominicos y agustinos. Estos monasterios tenían una apariencia de fortaleza y se construían con unos muros elevados que garantizaban la privacidad y protegían de los ataques. Los monasterios también contaban con espacios abiertos, incluidos amplios atrios y capillas al aire libre. Se cree que esto fomentaba la conversión de la población indígena, ya que esta estaba acostumbrada a rendir culto religioso al aire libre.

Los edificios coloniales mexicanos seguían en gran medida las modas europeas, de manera que la simetría del estilo renacentista dio paso a las estructuras audaces del barroco. Muchos edificios del centro de México, la primera zona que estuvo bajo el control de los españoles, son de estilo barroco; los mejores ejemplos se encuentran en Puebla, cuyo paisaje urbano está salpicado de grandes cúpulas y elevados campanarios.

INFLUENCIAS EUROPEAS

Los diseños europeos siguieron predominando tras la independencia de México en 1821 *(p. 39)*. Cuando Porfirio

HISTORIAS DE MÉXICO

Mi familia lleva generaciones viviendo en esta parte antigua de Ciudad de México y fundé ReUrbano para rehabilitar muchos de los edificios históricos de la zona, que, por desgracia, estaban deteriorados y muchas veces abandonados.

Cuando estudiaba arquitectura en la Universidad Autónoma Nacional de México, tuve la oportunidad de cursar una parte de la carrera en España y allí descubrí cómo los arquitectos de Barcelona habían adaptado los edificios históricos de la ciudad para darles un uso moderno. Enseguida supe que podía hacerse lo mismo en Ciudad de México, para conservar la tradición y la cultura de muchos de sus barrios más emblemáticos.

Además, muchos jóvenes mexicanos están volviendo al centro de la ciudad, dejando de lado la cultura del coche para pasarse al transporte público, las bicicletas y los desplazamientos a pie. Estas viviendas sin aparcamientos todavía están restringidas a ciertas partes de la ciudad, pero los proyectos de ReUrbano han ayudado a revitalizar algunos barrios y han aumentado el tráfico peatonal. Esto hace que ReUrbano juegue un papel único en la conservación del patrimonio mexicano.

*Rodrigo Rivero Borrell, arquitecto
y fundador de ReUrbano,
Ciudad de México*

Díaz se convirtió en presidente en 1876, impulsó un periodo de modernización, en el que se imitó ampliamente la estética de una Europa industrializada.

En esa época se hizo especial hincapié en los edificios públicos, que solían estar diseñados por arquitectos extranjeros. El Palacio Postal de la Ciudad de México, por ejemplo, fue construido por el arquitecto italiano Adamo Boari e incorporó elementos del rococó español, del *art nouveau* y del neorrenacimiento español. También se introdujeron pequeños guiños al pasado indígena del país en algunos de los edificios proyectados. En el paseo de la Reforma de la capital se instalaron estatuas de los gobernantes aztecas Cuauhtémoc y Cuitláhuac, así como representaciones de jaguares y otros animales importantes de la cosmología mesoamericana. Sin embargo, estos añadidos eran menores y la arquitectura mexicana siguió mirando hacia Europa.

DISEÑOS PRÁCTICOS

Durante el siglo XX, la migración en masa desde las áreas rurales hacia las ciudades (*p. 26*) hizo que la prioridad del Gobierno cambiara y se centrara en la construcción de escuelas, hospitales y viviendas.

Este periodo de edificios urbanos modernos trajo a primer plano a arquitectos como José Villagrán García, Juan O'Gorman y Luis Barragán. Estos se inspiraron en las ideas del arquitecto suizo-francés Le Corbusier y del movimiento de la Bauhaus y, lo que es más importante, en el funcionalismo –el principio según el cual los edificios deben diseñarse para un objetivo específico, con materiales prácticos y poca ornamentación–. Este estilo también mostraba los valores del México posterior a la independencia, que buscaba modernizarse. Entre los proyectos erigidos en esta época destaca el enorme campus de la

Arriba a la izquierda
El centro Pedro Vélez,
diseñado por Rozana
Montiel en 2022

Arriba a la derecha
La Casa Gilardi (1975),
de Luis Barragán, en
Ciudad de México

Universidad Autónoma Nacional de
México, cuyos edificios se construyeron
con ladrillo, vidrio y hormigón reforzado.

CREACIONES CONTEMPORÁNEAS

La arquitectura mexicana sigue estando
influida por las tendencias globales, pero
eso no significa que los arquitectos del
país no sean innovadores. Algunos de
ellos, como Mauricio Rocha, han
adoptado unos enfoques progresistas y
encabezan proyectos que priorizan lo
social y la sostenibilidad. Una de sus
creaciones más importantes es el Centro
de Invidentes y Débiles Visuales de
Ciudad de México, que incorpora cabinas
insonorizadas. Rozana Montiel, por su
parte, ha diseñado el sorprendente centro
comunitario Pedro Vélez de la capital, con
pasarelas descubiertas y un patio central
multiusos, que recuerda a los amplios
atrios de los monasterios y los antiguos
templos. Estos arquitectos, que se
inspiran en los diseños del pasado y al
mismo tiempo miran hacia un futuro
sostenible, están forjando los estilos del
México moderno.

Construcciones arquitectónicas

La arquitectura mexicana es una síntesis de periodos, influencias regionales y estilos internacionales. De la gloria de los imperios indígenas, pasando por los 300 años de dominio colonial, para llegar a la nación actual. Las construcciones mexicanas son un monumento a las fuerzas que han moldeado el país. Estas son solo algunas de las estructuras que han definido la arquitectura mexicana en los últimos 3000 años.

PIRÁMIDES

Pocos edificios representan mejor el antiguo México que las pirámides escalonadas construidas por las civilizaciones mesoamericanas, como los olmecas y los mayas. Las tres pirámides más famosas son las dedicadas al Sol y la Luna en la antigua ciudad de Teotihuacán y El Castillo en Chichén Itzá. La pirámide del Sol es el edificio más grande de la ciudad de Teotihuacán y uno de los más altos construidos por los imperios mesoamericanos. La función de la pirámide está envuelta en misterio, pero se cree que la estructura estuvo en su día coronada por un templo.

MISIONES

La arquitectura de las misiones mexicanas se desarrolló a medida que los misioneros españoles se expandían desde Ciudad de México hacia la región de las praderas, situada al norte. Las misiones, construidas en adobe y piedra, se crearon como asentamientos defensivos para proteger a los europeos de los habitantes locales, que muchas veces se mostraban hostiles. Tanto los asentamientos residenciales como las iglesias del centro de la misión tenían gruesos muros, ventanas pequeñas, puertas en forma de arco y corredores exteriores techados para paliar el calor.

CATEDRALES

Las deslumbrantes catedrales mexicanas muestran la influencia de los estilos europeos y su tamaño y grandiosidad fueron un instrumento clave para reafirmar el dominio católico. La imponente Catedral Metropolitana, en Ciudad de México, es la mayor catedral de América Latina. Mezcla los estilos barroco y neoclásico y se rumorea que el conquistador Hernán Cortés puso la primera piedra cuando sus fuerzas se desplazaron hacia el norte.

ADOBE

Aunque el adobe se suele considerar un estilo arquitectónico en sí mismo, técnicamente es un material de construcción: los ladrillos de adobe se fabrican con un barro hecho de paja y arcilla. Hacia el final del periodo colonial el adobe era el material más usado para construir iglesias rurales y casas sencillas, debido a su bajo coste y su abundancia. Desde entonces ha caído en desuso, debido a la preocupación por la higiene y a la popularidad de materiales más nuevos y baratos como el cemento.

DISEÑOS MODERNOS

Desde mediados del siglo XX la construcción urbana en México ha estado dominada por tendencias arquitectónicas de fuera. Sin embargo, los arquitectos y diseñadores mexicanos incluyen referencias al pasado del país a través de las decoraciones exteriores, muchas veces recurriendo a murales. La biblioteca central de la Universidad Autónoma Nacional está decorada con un gran mural de Juan O'Gorman, que representa la diversidad demográfica mexicana.

1 La inmensa pirámide de Teotihuacán

2 La misión de Nuestra Señora de Loreto Conchó, una iglesia de estilo misión situada en Loreto, en el sur de Baja California

3 La Catedral Metropolitana de Ciudad de México

4 Construcciones tradicionales de adobe en las ruinas de Paquimé, en Chihuahua

5 El mural del pintor mexicano Juan O'Gorman, en la biblioteca central de la Universidad Autónoma Nacional

1

2

3

4

5

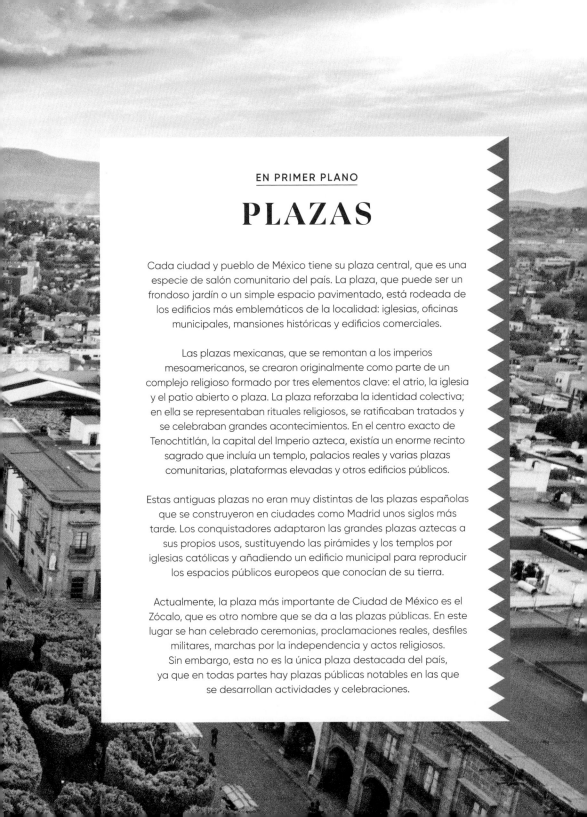

PLAZAS

Cada ciudad y pueblo de México tiene su plaza central, que es una especie de salón comunitario del país. La plaza, que puede ser un frondoso jardín o un simple espacio pavimentado, está rodeada de los edificios más emblemáticos de la localidad: iglesias, oficinas municipales, mansiones históricas y edificios comerciales.

Las plazas mexicanas, que se remontan a los imperios mesoamericanos, se crearon originalmente como parte de un complejo religioso formado por tres elementos clave: el atrio, la iglesia y el patio abierto o plaza. La plaza reforzaba la identidad colectiva; en ella se representaban rituales religiosos, se ratificaban tratados y se celebraban grandes acontecimientos. En el centro exacto de Tenochtitlán, la capital del Imperio azteca, existía un enorme recinto sagrado que incluía un templo, palacios reales y varias plazas comunitarias, plataformas elevadas y otros edificios públicos.

Estas antiguas plazas no eran muy distintas de las plazas españolas que se construyeron en ciudades como Madrid unos siglos más tarde. Los conquistadores adaptaron las grandes plazas aztecas a sus propios usos, sustituyendo las pirámides y los templos por iglesias católicas y añadiendo un edificio municipal para reproducir los espacios públicos europeos que conocían de su tierra.

Actualmente, la plaza más importante de Ciudad de México es el Zócalo, que es otro nombre que se da a las plazas públicas. En este lugar se han celebrado ceremonias, proclamaciones reales, desfiles militares, marchas por la independencia y actos religiosos. Sin embargo, esta no es la única plaza destacada del país, ya que en todas partes hay plazas públicas notables en las que se desarrollan actividades y celebraciones.

Fiestas mexicanas

Si se tiene en cuenta que una gran parte de la población mexicana es católica, no es de extrañar que sus celebraciones religiosas marquen el avance del año. La Navidad, la Pascua y el Día de la Virgen de Guadalupe son acontecimientos muy importantes del calendario cultural del país y se celebran con gran pompa y solemnidad, pero también con reuniones familiares. Estas celebraciones religiosas suelen mezclarse con las festividades indígenas, lo que da lugar a unos festejos en los que se venera tanto a los santos cristianos como a los antiguos dioses de la agricultura o en los que se da la bienvenida de nuevo a los fallecidos en el Día de Muertos. Sin embargo, más allá de las festividades religiosas, los mexicanos siempre encuentran un buen motivo para celebrar, ya sea brindando por los grandes momentos de la vida, rindiendo homenaje al orgullo nacional o festejando a lo grande el Año Nuevo.

EN HONOR a la MUERTE

Conocido en todo el mundo por sus alegres y vistosos trajes y las coloridas caras pintadas, el Día de Muertos es una de las celebraciones más importantes de México.

De acuerdo con la tradición mexicana, cada año los muertos tienen permiso divino para volver a la Tierra y visitar a sus amigos y familiares. Según se dice, las puertas del Cielo se abren el 1 de noviembre, lo que permite que los espíritus de los niños regresen al mundo de los vivos para reunirse con sus familiares durante 24 horas; el 2 de noviembre se cree que ocurre lo mismo con las almas de los adultos. En cualquier caso, esta época emotiva e íntima dista mucho de ser un momento triste, ya que es vista como una oportunidad para recordar, honrar y volver a conectar con los seres queridos fallecidos.

EL ORIGEN DEL DÍA DE MUERTOS

Los orígenes del Día de Muertos se remontan a las culturas mesoamericanas, como los aztecas y los toltecas, o incluso más antiguos. Para estos grupos, la muerte era algo natural, una parte de la vida que estaba siempre presente y que había que celebrar en lugar de llorar. Según creían, los difuntos viajaban a Chicunamictlán, la Tierra de los Muertos. Este mundo estaba formado por nueve niveles, que los muertos tenían que recorrer para llegar a Mictlán, su lugar de reposo definitivo. Para ayudarles en el viaje (que se suponía que duraba varios años), los miembros de su familia dejaban ofrendas de comida, bebida y herramientas en las tumbas y los altares. Esto se realizaba justo después de su fallecimiento y también cada agosto, con motivo de una celebración que duraba todo el mes. Durante esta festividad se rendía homenaje a Mictecacihuatl y Mictlantecuhtli, una pareja de dioses que se pensaba que gobernaban el inframundo.

Los españoles llegaron a México en el siglo XVI y trajeron con ellos sus

La diosa de la muerte

Los aztecas adoraban a distintos dioses, entre ellos a Mictecacihuatl, la diosa de la muerte y el inframundo. Según una leyenda, esta fue sacrificada de bebé antes de convertirse en soberana del inframundo, donde se casó con Mictlantecuhtli. Se la solía representar con una cara de calavera, con la boca abierta y sonriente, y se creía que protegía los huesos de los muertos, que, según las creencias de los aztecas, eran usados luego por los otros dioses para crear nueva vida.

Arriba Dos mujeres celebran el Día de Muertos con trajes folclóricos

tradiciones católicas, incluida la festividad del Día de las Ánimas, que se celebraba el 2 de noviembre. Ese día, los católicos rezan por las almas de las personas bautizadas que han muerto, pero que están atrapadas en el purgatorio debido a sus pecados. Se cree que la oración ayuda a limpiar las almas de los muertos y que esto les permite llegar al Cielo. Esta idea de ayudar a los difuntos a seguir su camino conectaba las dos celebraciones y, con el tiempo, se acabaron fusionando para dar lugar al moderno Día de Muertos.

LAS CELEBRACIONES ACTUALES

Al igual que hacían los aztecas hace cientos de años, las familias crean hoy en día coloridas ofrendas, o altares, en sus casas. Se trata de una manera de ayudar

a los difuntos a encontrar el camino de vuelta desde Chicunamictlán. Estos santuarios están suavemente iluminados por las luces de las velas y suelen decorarse con cruces, imágenes de los antepasados y una variedad de ofrendas. Entre ellas destacan las calaveras de azúcar, de vivos colores, que con su dulzor ayudan a compensar la amargura de la muerte, y los cempasúchiles, un tipo de caléndula originaria de México, cuyo color es como un faro que guía a los seres queridos en su viaje. También se incluyen objetos más personales, como la comida preferida de la persona fallecida; en el caso de los niños, se suele añadir cualquiera de sus juguetes favoritos.

Cada ofrenda debe incluir también objetos que representen los cuatro

Arriba Vigilia para
honrar a la muerte
en Oaxaca

elementos: agua, tierra, aire y fuego.
Para el primero de ellos, se suele poner
un vaso con agua en el altar, para que
las almas de los difuntos sacien su sed
después del largo viaje de regreso desde
la otra vida. Los platos favoritos de
la familia se usan normalmente para
representar la tierra y proporcionar
alimento a los muertos, mientras que
el *papel picado* (papel de seda que se
recorta para crear elaborados diseños)
simboliza tanto el aire como, cuando se
mueve agitado por la brisa, el regreso de
las personas queridas que han fallecido.
También se añaden velas, que representan
el fuego y guían a los espíritus de los
difuntos para que vuelvan a casa. Se suele
quemar copal, un tipo de incienso
resinoso, para limpiar el espacio de
energía negativa y ayudar a los espíritus
de los muertos en su regreso.

Las plazas y otros espacios públicos
también se adornan con *papel picado*.
Este papel, al moverse con el viento, es
un recordatorio de la fragilidad de la
vida. También se exhiben en público
esqueletos de papel maché, muchas
veces con poses cómicas o que
reproducen actividades cotidianas –esta
predisposición para reírse y encontrarle
un lado divertido a la muerte es una
parte esencial de la celebración–.

Muchos mexicanos visitan las tumbas
de sus seres queridos en los cementerios.
Ese día estos lugares de reposo se
limpian y la gente deja ofrendas
similares a las de los altares de las casas.
Con ello se reproduce lo que se solía
hacer durante el Día de las Ánimas,
cuando las tumbas de las personas
queridas se decoraban con flores y velas,
para iluminar el camino a casa de los

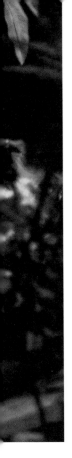

difuntos. Otra costumbre muy arraigada es dejar pan de muerto junto a las tumbas, algo que también recuerda a las ofrendas de pan de ánimas que se solían dejar el Día de las Ánimas. Cuando anochece, los miembros de la familia vuelven al cementerio para participar en una vigilia. Algunas de estas reuniones son silenciosas y solemnes, pero otras son más festivas y las familias homenajean al difunto encendiendo velas, contando historias y tocando música.

EL ESPLENDOR DE LOS DESFILES

Algunas de las escenas más emblemáticas del Día de Muertos están relacionadas con los coloridos desfiles y bailes de disfraces que tienen lugar ese día. Estos se celebran por todo México y van desde las animadas procesiones carnavalescas que recorren algunos barrios de Oaxaca hasta los bailes callejeros de San Cristóbal de las Casas, en los que una multitud de mujeres indígenas van vestidas con trajes bordados de vivos colores. Estas celebraciones recuerdan a los vivos que la muerte es parte integrante de la vida y que quienes bailan ahora estarán un día entre los muertos, por lo que tienen que disfrutar de la vida todo lo que puedan.

Las calaveras y los esqueletos también son una parte muy importante del Día de Muertos. Estos símbolos son un elemento tradicional de las celebraciones –los aztecas ya usaban calaveras en sus ceremonias– y se siguen usando ampliamente en la actualidad, por ejemplo, en la vistosa La Muerteada de San Agustín Etla. Los habitantes de esta localidad se disfrazan con unas máscaras que reproducen, entre otras cosas, calaveras y recorren las calles hasta el amanecer; también llevan espejos para

LA COMIDA DEL DÍA DE MUERTOS

Calaveras de azúcar

Hechas en casa o compradas en un puesto de algún mercado, estas calaveras brillantes y cristalinas son un elemento omnipresente de la fiesta. El arte con azúcar llegó a México en el siglo XVII de la mano de los misioneros italianos y rápidamente se convirtió en un método popular para crear iconos religiosos, en gran medida porque el azúcar era mucho más barato y abundante que la piedra. Muchas de estas calaveras son meramente decorativas, pero también se elaboran versiones más pequeñas y comestibles.

Pan de muerto

El pan de muerto es un bollo dulce tradicional que surgió hace siglos en las sociedades aztecas. Se coloca en el altar como ofrenda y también se obsequia y se degusta durante la fiesta. Se trata de una especie de panecillo redondo, que tiene encima un par de huesos cruzados y un círculo que simboliza un cráneo. Tiene una textura muy parecida al pan *jalá* de los judíos y suele llevar encima azúcar u otras decoraciones.

Calabaza en tacha

Esta calabaza confitada es habitual en las ofrendas del Día de Muertos. Se prepara cociendo trozos de calabaza en agua junto con piloncillo (un tipo de azúcar sin refinar) y especias como canela, clavo y anís estrellado.

HISTORIAS DE MÉXICO

En la ciudad de Oaxaca, donde crecí, el Día de Muertos era una de las fiestas más importantes del año. Recuerdo celebrarlo con mi familia de niño y la sensación de alegría que lo invadía todo.

Empezábamos a planificarlo a principios de año para ahorrar dinero en la celebración. El mayor gasto era siempre la comida, que es la parte más importante de la fiesta. Comenzábamos a preparar los platos a mediados de octubre y cocinábamos no solo para la familia, sino también para los vecinos y los amigos más queridos. Hacíamos mole, tamales y pan de yema (un pan dulce de masa hojaldrada), que decorábamos con chocolate y fruta. Recuerdo que me avisaban para que no me comiera la fruta antes, por si acaso impedía que los muertos volvieran a casa.

Me lo pasaba muy bien ayudando a mi madre a montar el altar; siempre la ayudaba a llegar a las partes más altas. Colocábamos la comida en el altar y luego añadíamos velas, cempasúchiles y un vaso de agua. Luego todos los miembros de la familia disfrutaban mucho buscando la calavera de azúcar que llevaba su nombre escrito. Siempre era una fiesta muy divertida, profundamente arraigada en las tradiciones familiares y la comida.

Pedro Velásquez Martínez, Oaxaca

espantar a las brujas y tocan campanas para guiar a los espíritus hasta su casa en la Tierra.

Uno de los elementos más conocidos del Día de Muertos son las calaveras. Inspiradas por La Calavera Catrina (*p. 198*), un personaje de cómic de José Guadalupe Posada. Muchas de las mujeres que participan en los desfiles se disfrazan como este esqueleto sonriente, con vestidos largos y sueltos y la cara pintada imitando una calavera.

UNA CELEBRACIÓN GLOBAL

La estética vibrante y los símbolos variados de esta festividad –sobre todo La Catrina– ya no se circunscriben a México y la celebración es conocida en todo el mundo. Muchas ciudades estadounidenses con una población mexicana importante, como Los Ángeles, Chicago y San Antonio, también acogen grandes fiestas y desfiles. En el cementerio Hollywood Forever de Los Ángeles se celebra el mayor Día de Muertos fuera de México, con banderolas decoradas y procesiones en las que participan muchas personas disfrazadas con vivos colores.

Además, esta festividad ha arraigado en la cultura popular, por lo que hay numerosos programas de televisión y películas que muestran esta colorida celebración. En la película de James Bond de 2015 *Spectre* aparece un desfile del Día de Muertos en Ciudad de México. La popularidad de la escena fue tal que el ayuntamiento de la ciudad pensó que el arte tenía que imitar a la vida real y decidió organizar su primer desfile en 2016. Las redes sociales también han jugado un papel importante a la hora de popularizar mundialmente el Día de Muertos, gracias a la vistosidad de su

Arriba Un desfile del Día de Muertos en Oaxaca

imaginería, como el *papel picado* de múltiples colores y las sorprendentes caras pintadas como calaveras.

Esta popularidad también acarrea sus complicaciones. Algunos temen que la fiesta se haya mercantilizado y haya dejado de lado sus connotaciones espirituales, ya que muchos de los participantes –incluidos visitantes extranjeros– se suman a la fiesta, pero ignoran sus valores tradicionales. Los mexicanos tienen un gran interés en garantizar que quienes participan en el Día de Muertos conozcan sus raíces y se

esfuerzan por conservar su integridad, por ejemplo, insistiendo en la diferencia entre esta celebración y otras fiestas más mercantilizadas como Halloween. De todos modos, para muchas personas de todo el mundo, esta es una oportunidad única de aproximarse a la muerte desde una nueva óptica. Al fin y al cabo, esta celebración mexicana permite exteriorizar uno de los temas más sombríos, ya que desmonta los tabúes que existen en torno a la muerte y reúne a las familias para recordar con alegría a los seres queridos que han fallecido.

EN EL MAPA

DÍA DE MUERTOS

Las celebraciones del Día de Muertos son maravillosamente ricas y variadas. En cada región se suele festejar este evento de una forma única, ya sea con danzas folclóricas indígenas, con desfiles llenos de esqueletos o con vigilias junto a las tumbas a la luz de las velas. Sea cual sea la forma en que se celebre, el Día de Muertos es siempre un sentido homenaje a los seres queridos y una aceptación de que la muerte es una parte inseparable de la vida. Este mapa muestra algunas de las formas en que los mexicanos festejan este importante acontecimiento.

La capital del estado de **Aguascalientes** acoge el Festival de las Calaveras, un evento dedicado a La Catrina *(p. 198);* su creador, el artista José Guadalupe Posada, nació aquí. Durante la fiesta, el centro de la ciudad es el escenario del Desfile de las Calaveras y se llena de participantes disfrazados de esqueletos, carrozas tematizadas y música en directo.

En **Michoacán,** la noche del 1 de noviembre, las familias van en barcas de remos adornadas con velas y flores hasta la isla de Janitzio, en el lago Pátzcuaro. Una vez allí, se dirigen en procesión y con velas encendidas hacia el cementerio, donde se reúnen para cantar, orar y pasar la noche entre los espíritus de sus seres queridos.

En la capital de **Oaxaca,** las calles se adornan con tapices hechos con arena de colores, serrín y pétalos de flores. Sus intrincados diseños representan a santos, figuras geométricas y esqueletos. Estas decoraciones solo duran uno o dos días, un símbolo del carácter efímero de la vida.

Conocido con el nombre de Xantolo en la región **Huasteca**, el Día de Muertos se celebra aquí con unas danzas folclóricas llamadas cuadrillas. En esta zona la interacción entre la vida y la muerte se escenifica con un elenco diverso de personajes, incluidos un charro (vaquero), ancianos, una mujer embarazada, el demonio y la Muerte.

En la zona de Mérida, en el estado de **Yucatán**, el Día de Muertos se conoce como Hanal Pixán o «comida de las almas». Ese día se prepara un banquete especial para los espíritus, que incluye un plato único reservado para la ocasión: el *mucbipollo*. Se trata de un tamal enorme hecho con pollo y cerdo, envuelto en hojas de banano, que se cocina enterrado en un hueco en la tierra.

La localidad de Chignahuapan, en **Puebla**, acoge el Festival de la Luz y la Vida, un evento que tiene su origen en un ritual de purificación azteca. Unos bailarines desfilan con antorchas desde la plaza central de la ciudad hasta una pirámide flotante iluminada que se encuentra en una laguna. Allí escenifican una vistosa danza que representa el viaje de las almas a través del inframundo.

La CATRINA

Una de las imágenes más emblemáticas de las celebraciones del Día de Muertos mexicano es La Calavera Catrina, popularmente conocida como La Catrina, un esqueleto de mujer vestido con un ostentoso traje de principios del siglo XX. Al igual que muchos otros elementos de esta fiesta, es muy posible que este personaje tenga su origen en la antigua cultura azteca, que veneraba a Mictecacihuatl, la diosa de la muerte *(p. 190)*. Sin embargo, como imagen de la cultura popular, La Catrina surgió muchos siglos después, gracias a un dibujo del caricaturista e ilustrador José Guadalupe Posada.

A principios del siglo XX, Posada creó un personaje conocido inicialmente como «La Calavera Garbancera», que pretendía burlarse de los nuevos ricos mexicanos, que rechazaban sus propias tradiciones indígenas y adoptaban las últimas modas y costumbres llegadas de Europa: el esqueleto sonriente dibujado por Posada transmitía una imagen un tanto ridícula, con su sombrero recargado y su vestido lujoso. «La muerte es democrática», escribió Posada, «ya que, a fin de cuentas, rubia o morena, rica o pobre, toda la gente acaba siendo calavera».

De alguna manera, esta opinión tocó la fibra sensible de muchos mexicanos –algo que no es de extrañar en un país conocido por el humor negro con el que suele tratar la muerte *(p. 142)*–. En los años posteriores, La Catrina arraigó en la cultura mexicana y artistas como Diego Rivera *(p. 164)* la incluyeron en sus obras. En la actualidad, este vistoso esqueleto se ha convertido en uno de los disfraces favoritos de quienes participan en el Día de Muertos, lo que ha contribuido a popularizar el personaje en todo el mundo.

celebraciones católicas

Puede que el Día de Muertos sea la mayor fiesta religiosa de México, pero en el calendario nacional también hay otras celebraciones católicas, como la Navidad, la Pascua y muchas más.

Casi cuatro de cada cinco mexicanos profesan la fe católica, así que no es de extrañar que las celebraciones de esta religión sean importantes en el país. Estas fiestas religiosas unen a las comunidades, que celebran y muestran su devoción por Dios y los santos –en especial por la Virgen de Guadalupe, la querida santa patrona de México–.

ACONTECIMIENTOS FESTIVOS

Al igual que en otros muchos lugares de todo el mundo, cuando el año se acerca a su fin, los mexicanos se preparan para celebrar la Navidad. De acuerdo con las tradiciones católicas, durante cuatro semanas festivas se organiza una gran variedad de eventos.

Se comienza a mediados de diciembre con una serie de posadas. A lo largo de nueve noches consecutivas, cada posada empieza con una procesión –que recrea la búsqueda por parte de María y José de un lugar en el que cobijarse (de ahí su nombre)–. Tras esta procesión se cantan villancicos en grupo delante de una casa previamente elegida y se finaliza con una fiesta. Como la sociedad se ha ido secularizando, han aparecido nuevas formas de posadas. Actualmente, muchas de ellas incluyen unas piñatas con forma de estrella de siete puntas, que son especialmente populares entre los niños. En algunas ciudades mexicanas, el espíritu festivo continúa hasta bien entrada la noche y el canto de villancicos suele dar paso a grandes reuniones. Para muchos, las *posadas* son la parte más importante de las fiestas navideñas, ya que permiten celebrar la historia del nacimiento de Jesús y reúnen a toda la comunidad.

La posada final se celebra en Nochebuena. Las familias acuden a la iglesia para la Misa del Gallo, seguida de una cena familiar y se intercambian regalos. Después de tantos días de fiesta, el día de Navidad es más relajado y las familias suelen pasarlo reunidas.

De todos modos, las celebraciones no acaban el día 25. De hecho, el periodo festivo dura hasta el 6 de enero, Día de Reyes. Ese día se festeja a los tres Reyes Magos, que visitaron el pesebre después del nacimiento de Jesús, y está marcado por la costumbre de cortar y comer la tradicional rosca de reyes. Este dulce típico, con forma de aro, suele estar decorado con confites de colores o con fruta y tiene una sorpresa escondida: una pequeña figurita de plástico del niño Jesús. Quien se encuentra la figurita en su porción de rosca es el anfitrión de una fiesta que se celebra el 2 de febrero, Día de la Candelaria, que recuerda la presentación de Jesús en el templo de Jerusalén.

Arriba Unos niños participan en una procesión

Derecha Un desfile del Día de Reyes

LA PASCUA

Como es lógico, la Pascua es otro gran
evento del calendario católico mexicano.
Empieza con la Semana Santa, que
recuerda los últimos días de Jesús antes
de la crucifixión. Esta fiesta, que cae
entre los meses de marzo y abril, dura
una semana; empieza el Domingo de
Ramos y acaba el Domingo de Pascua o
de Resurrección. Muchas ciudades con
grandes poblaciones católicas, como
Taxco y Oaxaca, organizan animadas
celebraciones, que incluyen representaciones de la Pasión de Cristo. También
hay procesiones en Ciudad de México.
Son especialmente famosas las del
distrito de Iztapalapa, donde se elige
a un actor para que interprete a Jesús
y una gran multitud acude a presenciar
la procesión.

El Domingo de Pascua se celebran más
procesiones con figuras de Cristo y de la
Virgen María. Ese día muchas familias
asisten a primera hora a una solemne
misa, que va seguida de otros festejos
más alegres, como fuegos artificiales,
bailes y orquestas. Más inusual es la
práctica de la autoflagelación, que está
asociada sobre todo con la ciudad de
Taxco. Allí pueden verse tanto a hombres
como a mujeres llevando fardos de heno
o grandes cruces a la espalda durante
largas distancias; algunos incluso se
azotan con ramas espinosas.

FESTIVIDADES DEDICADAS A LOS SANTOS

Muchas de las celebraciones mexicanas
giran en torno a santos católicos
concretos. Uno de los más venerados es
Santiago Apóstol, el santo patrón de
España. Numerosos pueblos y ciudades
llevan su nombre y el día que se
conmemora su festividad, el 25 de julio,
es celebrado en todo el país con la Danza
de los Tastoanes, que reproduce las
luchas de los pueblos mesoamericanos
contra los conquistadores españoles.

En todo México los distintos pueblos
y ciudades han adoptado a su propio
santo, normalmente en función de las
necesidades de la población local.
En el centro de Ciudad de México, por
ejemplo, muchos residentes pobres
veneran a San Judas, que según se dice
ayuda con los problemas de dinero.
Todos los meses, en la iglesia de San
Hipólito de la ciudad, los cristianos
acuden a la misa dedicada a este santo.

Sin embargo, la mayor fiesta religiosa
mexicana consagrada a un santo tiene
lugar el 12 de diciembre. Ese día
peregrinos procedentes de todo el país
acuden a la capital a venerar a la Virgen

Arriba Un desfile de Semana Santa en Guanajuato

Izquierda Una procesión de Viernes Santo en el estado de Guanajuato

de Guadalupe en la basílica dedicada a ella *(p. 68)*. La jornada empieza temprano con los servicios religiosos que se celebran antes del amanecer y luego los asistentes disfrutan de las multitudinarias procesiones y de las representaciones de danzas aztecas tradicionales (el terreno en el que se levanta la basílica era un lugar sagrado para los indígenas). Además, las calles de la ciudad se llenan de altares rebosantes de flores y velas y los grupos de mariachis tocan por todas partes. La jornada acaba con fuegos artificiales. Se trata de un día que une a las personas a través de la fe, la familia y la diversión, ya que la Virgen de Guadalupe es un símbolo de protección querido en todo el país.

Los narcosantos

Vestida con un traje largo y muchas veces empuñando una guadaña y un globo, la Santa Muerte –una mezcla de la Parca y de la Virgen de Guadalupe– es uno más de los numerosos «narcosantos» que no paran de aparecer. Otro es Jesús Malverde, que es idolatrado por las poblaciones pobres del estado de Sinaloa, conocido por la actividad de los cárteles. Estos santos suelen ser venerados por los criminales, que les rezan para obtener su protección, riquezas y el silencio necesario para encubrir sus negocios.

EN EL MAPA

FIESTAS INDÍGENAS

Profundamente arraigadas en las costumbres y creencias mesoamericanas, las fiestas indígenas son una animada combinación de espiritualidad y comunidad. Muchas surgieron como antiguas tradiciones ligadas al ciclo agrícola, pero fueron cambiando con el tiempo como resultado del sincretismo entre el catolicismo y las costumbres locales de cada comunidad indígena.

Los rarámuris de **Chihuahua** se dividen en dos grupos para escenificar unas danzas que simbolizan la batalla entre el bien y el mal. Aquí, los aliados del diablo llevan el cuerpo pintado de blanco, mientras que los defensores de Dios van vestidos con trajes tradicionales y tocados de plumas. El acto finaliza dando gracias por el inicio de un nuevo ciclo agrícola.

Para asegurar la lluvia y una cosecha abundante, el 5 de mayo los nahuas de Zitlala, en el estado de **Guerrero**, se disfrazan de jaguares y escenifican unas luchas rituales. El objetivo de los luchadores en estos combates es hacer sangrar a sus adversarios, ya que, según la tradición, por cada gota de sangre derramada caerá una gota de lluvia. Sin embargo, a pesar de la intensidad de la lucha, no hay ninguna animosidad entre los combatientes, que consideran que este acto se realiza por el bien de la comunidad. Este combate pasó a conocerse como la «pelea de tigres» tras la llegada de los españoles, que confundieron a los jaguares autóctonos por tigres.

El día de San Miguel (29 de septiembre), los otomíes chichimecas de la localidad de Tolimán, en **Querétaro**, agradecen las bondades del año anterior con un chimal. Esta ofrenda monumental de 20 m de altura se hace con juncos, se cubre de hojas de sotol y se decora con flores, frutas, tortillas, pan y papeles de colores. Después se bendice con incienso de copal, se baña con licores de agave y se levanta delante de la iglesia, donde permanece hasta el año siguiente.

Durante el mes de enero, en Chiapa de Corzo, **Chiapas**, un desfile de disfraces marca las festividades de San Antonio Abad, San Sebastián y Nuestro Señor de Esquipulas. Disfrazados con máscaras de madera talladas a mano, tocados y coloridos sarapes, los bailarines conocidos con el nombre de parachicos recorren las calles de la localidad haciendo sonar cascabeles. Este desfile es una ofrenda colectiva a los santos en previsión del siguiente ciclo agrícola.

En julio, en el estado de **Oaxaca**, tiene lugar una gran fiesta que celebra la cultura indígena: la Guelaguetza. En sus orígenes era un festejo en honor a Centeōtl, la diosa del maíz, pero en el siglo XVIII se convirtió en una manera de rendir homenaje a la Virgen del Carmen. En la actualidad, miembros de comunidades indígenas de todo el estado escenifican danzas vestidos con trajes tradicionales. Muchos bailarines lanzan chocolate y fruta a la multitud –un recordatorio de que Guelaguetza significa «regalar» en la lengua zapoteca–.

205

EL CARNAVAL DE COYOLILLO

Cada mes de febrero, Coyolillo, en Veracruz, acoge un exuberante carnaval en honor a la herencia negra de la población. Hace unos 150 años en esta pequeña localidad se estableció una comunidad de africanos que se habían escapado o que habían sido liberados de su esclavitud en alguna de las numerosas plantaciones de azúcar de la región. Este grupo se acabó integrando con la población indígena local, pero mantuvo muchas de sus tradiciones y creencias, incluido este colorido festival.

Con el tiempo, esta tradición se transformó en una celebración de seis días, que incluye música, bailes y desfiles. La comida también es una parte muy importante del festejo, ya que antes de la fiesta se preparan grandes cantidades de chiles rellenos, tamales y pasteles de calabaza, que luego se comparten con los vecinos.

Otro elemento crucial son las máscaras de madera elaboradas especialmente para el carnaval. Talladas a mano y pintadas de vivos colores, estas caretas suelen representar a animales astados, como toros, ciervos y cabras (algunos con cuernos de animales reales), y se llevan junto con tocados de flores y coloridas capas. Muchos creen que esta tradición de las máscaras, que se ha transmitido durante generaciones, se remonta al *Gule Wamkulu* de Mozambique, Malawi y Zambia, en el sureste de África, un baile ritual en el que los hombres lucen unas máscaras parecidas. En Coyolillo estas máscaras también solían estar reservadas a los hombres, pero en la actualidad también pueden llevarlas los niños y las mujeres, por lo que todos participan en este alegre espectáculo.

ReUNiọNes faMiLiaRes

Las reuniones familiares son, desde hace mucho tiempo, una parte esencial de la sociedad mexicana, ya que refuerzan los vínculos entre generaciones y juntan a los parientes lejanos en grandes festejos.

Un elemento central de la agenda social mexicana son las reuniones familiares, unos acontecimientos alegres que suelen enlazar con las creencias religiosas. Normalmente, se trata de grandes celebraciones que acompañan a los rituales de transición –bautizos, cumpleaños y Navidad– y que muchas veces van unidas a importantes ceremonias. Estas celebraciones se están adaptando a un mundo globalizado en rápida transformación, de manera que las familias se unen a pesar de la distancia y los festejos cambian para reflejar la diversidad de la población del país.

LAS REUNIONES CATÓLICAS

Para los mexicanos católicos, las celebraciones familiares suelen ser grandes acontecimientos y empiezan nada más iniciarse la vida, con el bautismo. Los bautizos incluyen una ceremonia religiosa, en la cual se lava al niño como signo de purificación, y luego los padres confirman oficialmente a los padrinos. Una vez confirmados, estos padrinos –que suelen ser amigos íntimos de la familia desde hace mucho tiempo– juegan un papel muy importante tanto en la celebración propiamente dicha como durante el resto de la vida del niño. Entre otras cosas, se encargan de proporcionar el vestido de bautismo del

bebé y de organizar un *bolo,* un ritual durante el cual se lanza dinero al aire sobre los niños que asisten al festejo, para simbolizar una vida de abundancia.

Los bautizos, como la mayoría de celebraciones católicas mexicanas, suelen conllevar una larga lista de invitados, que normalmente incluye a la familia en sentido amplio, los amigos cercanos y, en las poblaciones rurales, los vecinos. Después de la ceremonia en la iglesia tiene lugar una fiesta que suele durar hasta bien entrada la noche.

Otros ritos católicos importantes que se celebran en familia son la presentación del niño en la iglesia a los tres años de edad, la primera comunión antes de llegar a la adolescencia y, finalmente, la confirmación.

BODAS

Las bodas, probablemente el rito religioso católico más fastuoso de todos los que se celebran en México, suelen ser celebraciones largas y espectaculares y están marcadas por diversos rituales. En el acto del *lazo,* por ejemplo, se une a los novios con un gran rosario para simbolizar la unión nupcial entre ambos. Otra vieja costumbre es el *baile del billete,* en el que los invitados enganchan billetes en las ropas de la novia y el novio (tradicionalmente, un traje liso para él y

Arriba Una boda oaxaqueña con un *mono de calenda* de la novia a la derecha

un sencillo vestido blanco para ella, con toques de influencia española, como una chaquetilla tipo bolero y una mantilla).

Aunque las bodas católicas tradicionales siguen siendo populares, estas celebraciones varían mucho en función de la región. En Veracruz es típico comer zacahuiles (unos tamales grandes), mientras que, en Oaxaca, tras la ceremonia tiene lugar un baile callejero llamado calendas (una especie de desfile), en el que participan unas enormes figuras de papel maché de los contrayentes, que reciben el nombre de *monos de calendas*. Por su parte, las comunidades indígenas de tradición maya pueden optar por una ceremonia

oficiada por un guía espiritual o un chamán. En estas celebraciones hay nubes aromáticas de incienso de copal; en cuanto a la vestimenta, la novia suele llevar un sencillo vestido huipil de boda y el novio un simple traje blanco y liso.

Las ceremonias de boda también se están adaptando para reflejar la moderna cultura mexicana. En junio de 2023 miles de parejas celebraron la legalización en todo el país de los matrimonios del mismo sexo con una ceremonia civil masiva en Ciudad de México. Ese día se oficiaron cientos de enlaces en medio de un mar de estandartes arcoíris, una alegre celebración del amor y la igualdad.

HISTORIAS DE MÉXICO

He visto muchas celebraciones de bautizos y comuniones en mi vida, tanto de familiares como de amigos, y recuerdo cuando yo misma recibí los sacramentos. Mi familia era muy estricta en cuestiones de fe, así que íbamos a misa todos los domingos y mi madre siempre tenía alguna cita bíblica que encajaba en los distintos momentos de la vida cotidiana.

Cuando crecí, me encantaba participar en los bautizos de mis primos y en las fiestas que celebrábamos después. Esto me ha hecho ver que las familias tienen que ayudarse y ha marcado mis valores y lo que pienso que significa ser católico.

Lo que más recuerdo de mi propia ceremonia de confirmación es lo angustiada que estaba por demostrar que sería una persona devota el resto de mi vida. Para mí era una gran responsabilidad y solo tenía 16 años, así que no estaba muy segura de cómo asumir este papel de adulto. Sin embargo, cuando la ceremonia terminó, empecé a sentirme mejor, con mi vestido blanco de camino a casa. Allí me esperaba para celebrarlo mi familia, que parecía estar muy contenta. Para mí, esa es la gran lección: tener el apoyo de la familia en los buenos y en los malos momentos.

Mariana García,
Massachusetts, EE. UU.

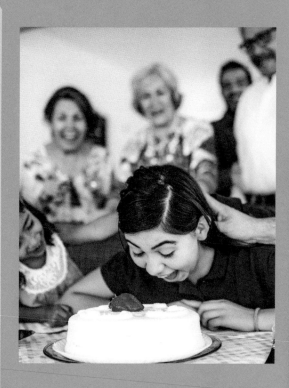

RITOS DE PASO

Las celebraciones familiares no se limitan a los bautizos y las bodas. Los cumpleaños también se festejan a lo grande y van acompañados de una canción de cumpleaños propia del país: «Las mañanitas». Estas fueron popularizadas por los grupos de mariachis que es frecuente que asistan a los cumpleaños más importantes. Las fiestas de cumpleaños mexicanas suelen incluir toda la parafernalia habitual –regalos, comida, bebida y tarta–, pero tienen una particularidad muy divertida. Después de soplar las velas, los invitados empiezan a cantar de manera insistente «*mor-di-da, mor-di-da*» y en cuanto el cumpleañero se inclina sobre la tarta, para darle un bocado, algún familiar se abalanza sobre él y le empuja la cabeza para que aplaste el dulce.

Arriba Una quinceañera y sus chambelanes en el estado de Campeche

Arriba a la izquierda Una típica celebración de cumpleaños

Sin duda, el cumpleaños más importante en cualquier familia mexicana es el de los quince años. Tradicionalmente, era un hito religioso que marcaba la entrada de una niña en el mundo de los adultos, pero con el tiempo se ha convertido en una gran fiesta. Lo habitual es que, antes del festejo, las quinceañeras recorran la ciudad mientras realizan una sesión fotográfica. Para ello, se suelen vestir con llamativos vestidos de fiesta y lucir elegantes peinados con tiara. Algunas de estas tradiciones se consideran antiguas y desfasadas –por ejemplo, regalar unos zapatos de tacón a la quinceañera que se acaba de convertir en mujer–, pero otras están muy extendidas, como la de elegir un grupo de damas (normalmente, las amigas de la cumpleañera) y de chambelanes (habitualmente, los amigos de esta), para que representen un baile coreografiado en la fiesta. Estas celebraciones solían estar reservadas a las chicas, pero en el siglo XXI han surgido fiestas similares para los chicos de la misma edad, lo que ha dado a las familias mexicanas un nuevo motivo de celebración.

ORGULLo NaCieNaL

En un país en el que la radio pública emite el himno nacional dos veces al día, el orgullo cívico es algo importante. Las fiestas nacionales son una manera de celebrar el propio país y su historia y suelen ser acontecimientos imponentes.

Los mexicanos rara vez dejan pasar una oportunidad de celebración y en el país hay varias fechas a lo largo del año en las que se recuerdan acontecimientos históricos y culturales clave. Oficialmente hay 12 días festivos y en algunos de ellos se conmemoran importantes aniversarios con fastuosas ceremonias.

FESTEJANDO LA INDEPENDENCIA

Probablemente, el mayor acontecimiento nacional sea el Día de la Independencia, una celebración que hunde sus raíces en los hechos legendarios acaecidos el 16 de septiembre de 1810. Ese día, en la ciudad de Dolores Hidalgo, en Guanajuato, el cura insurgente Miguel Hidalgo hizo un llamamiento a la movilización, que se conoce con el nombre de «Grito de Dolores». Según la historia, el sacerdote tocó las campanas de su iglesia e instó a la nación a liberarse de los grilletes del gobierno colonial español. De esa manera empezó la guerra de la Independencia de México, aunque el país tuvo que esperar 11 años para lograr la libertad de España.

Para muchos, este acontecimiento es un punto culminante del calendario cultural: un momento en el que celebrar el nacimiento de la nación moderna y sentirse orgulloso de lo que significa ser mexicano. Ese día se despliega la enseña tricolor y los chiles en nogada, con su patriótica paleta de colores (p. 86), aparecen en los menús de todo el país. El mes de septiembre entero es conocido como el mes de la patria, pero el evento más importante tiene lugar el día 15, cuando el presidente sale al balcón del Palacio Nacional de la capital, a las 11 de la noche, para reproducir las palabras de Hidalgo. El emotivo discurso concluye con los vítores «¡Viva México! ¡Viva México! ¡Viva México!», que la alegre multitud repite desde la plaza.

DESFILES REVOLUCIONARIOS

Aunque no se celebra con el mismo fervor, el Día de la Revolución, el 20 de noviembre, constituye otra oportunidad para que los mexicanos festejen la historia del país. Esta fiesta nacional recuerda el comienzo de la Revolución mexicana (p. 40) y en numerosas localidades se organizan desfiles, en los que muchas veces participan niños vestidos de figuras de la Revolución. El mayor de ellos tiene lugar en Ciudad de México, donde un cortejo cívico-militar va desde el Zócalo (p. 187) hasta Campo Marte, bajo la atenta mirada de los orgullosos ciudadanos. A continuación, se desarrolla una carrera de relevos, una costumbre que se remonta a la década de 1930, que simboliza la «voluntad pacifista y conciliadora de la gente».

CELEBRACIONES CAMBIANTES

Mientras estos festejos atraen a grandes multitudes, no ocurre lo mismo con el Día de la Bandera. Este se celebra cada 24 de febrero para recordar el final de la guerra de la Independencia mexicana. Supone una exaltación de la bandera del país

Arriba Una ceremonia de izado de la bandera en una escuela de primaria en Oaxaca

(*p. 20*) y del orgullo nacional, llena de simbolismo. El acontecimiento se conmemora en todo el país izando banderas durante ceremonias cívicas y militares, así como en las empresas y los colegios. Sin embargo, es un festejo más discreto, sobre todo por motivos prácticos: como no es un día festivo nacional, muchos mexicanos están ocupados trabajando. Por ello, quienes más lo celebran son las generaciones más mayores y convencionalmente patrióticas.

El Día de la Constitución (el 5 de febrero) también es una fiesta más relajada. Si bien ese día festivo nacional –creado para conmemorar la firma de la nueva constitución del país en 1917– se celebran actos militares y cívicos, cada vez hay más mexicanos que lo festejan de una manera menos formal, por ejemplo, haciendo un pícnic o simplemente disfrutando de un largo fin de semana.

El 5 de Mayo

Cada año los poblanos recuerdan la batalla de Puebla de 1862, cuando el ejército mexicano expulsó a los invasores franceses, la única guerra que México ha ganado de forma concluyente. Este acontecimiento no se celebra en el resto del país, pero sí en Estados Unidos. Introducido en la década de 1960, el 5 de Mayo era una fiesta popular de la población chicana. Sin embargo, gracias sobre todo a las campañas publicitarias de las compañías cerveceras y de tequila, se ha convertido en una fiesta al norte de la frontera. Desprovisto de su significado tradicional, se asocia con margaritas, sombreros y fiestas.

Festivales modernos

Tanto si se trata del Día de la Independencia como del Día de Muertos,
muchas de las fiestas mexicanas hunden sus raíces en la tradición.
Pero no todas, actualmente también hay una gran variedad de celebraciones
modernas que se centran en la música, los derechos LGTBIQ+ y mucho más.

Creados por emprendedores mexicanos,
algunos de los modernos festivales del
país celebran el talento creativo local,
mientras que otros ofrecen a los
colectivos tradicionalmente marginados
una plataforma para que hagan oír su voz
–algunos hacen ambas cosas a la vez–.

CELEBRACIONES CULTURALES

Los modernos festivales musicales mexicanos atraen a público de todo el mundo,
con varios grandes eventos que se celebran
anualmente, pero también hay certáme-
nes más pequeños dirigidos a aficionados a
todo tipo de géneros. Uno de los festivales
más famosos y con más tradición es el Vive
Latino de Ciudad de México, que se creó
en 1998, tras el *boom* del *rock* en español.

En la actualidad, el festival sigue aco-
giendo a un gran número de artistas *rock*
iberoamericanos, pero se ha expandido a
otros estilos, como el *reggae*, y también
incluye a artistas internacionales de habla
inglesa. A principios de la década de 2020
empezaron a surgir festivales más pequeños dedicados a la pujante música regional
mexicana, lo que hizo que la atención se
centrara de nuevo en el talento del país.
El más importante de estos festivales es
el Arre Fest, creado en 2023.

Dejando de lado la música, los
acontecimientos modernos mexicanos
más populares son los consagrados al
cine –lo que no es ninguna sorpresa,
teniendo en cuenta el talento del país para
producir películas y cineastas galardo-
nados *(p. 132)*–. El más importante de
estos eventos es el Festival de Cine
Internacional de Guadalajara, que se
celebra durante una semana en junio.
Creado en 1986, en un esfuerzo por
revitalizar la decaída industria cinematográfica mexicana y poniendo el foco en
el talento del país, actualmente es el mayor
y más importante festival de cine de
América Latina. Atrae a intérpretes tanto
locales como internacionales y mientras
dura se proyectan cientos de películas. En
el festival también tiene cabida el glamur,
pero el objetivo principal sigue siendo la
promoción de los jóvenes talentos, con
programas como Talents Guadalajara,
en el que las últimas generaciones debaten
sobre nuevas ideas y enfoques.

Arriba El desfile anual del Día del Orgullo en Ciudad de México

Izquierda Asistentes a un concierto del festival de música Vive Latino

PROMOTORES DEL CAMBIO SOCIAL

Sin embargo, las actividades de gran impacto no se limitan a los festivales artísticos. Algunos acontecimientos se centran en defender un futuro más justo e inclusivo, sobre todo para los sectores tradicionalmente marginados de la sociedad, como la marcha del Día Internacional de la Mujer de Ciudad de México, que tiene lugar en el mes de marzo. Ese día las mujeres salen a las calles de la capital para exigir más derechos y el fin de la violencia de género. Esta marcha ha ayudado a desencadenar un cambio social más amplio, ya que por ejemplo el aborto se despenalizó oficialmente en Ciudad de México en 2007 y en el resto del país en 2023.

La comunidad LGTBIQ+, por su parte, celebra anualmente el Desfile del Orgullo. Este acto rememora la primera marcha, más reivindicativa, que tuvo lugar en 1978, en una época en la que la homosexualidad era delito y estaba estigmatizada en el país. El mensaje principal de exigir más derechos y libertades se mantiene, pero esta manifestación –que se ha convertido en el segundo mayor desfile del orgullo gay de América Latina– tiene ahora un aire más festivo, lo que demuestra lo lejos que ha llegado la aceptación de la comunidad LGTBIQ+, sobre todo en Ciudad de México. En la actualidad, los mexicanos LGTBIQ+ siguen sufriendo discriminaciones, pero los cambios han empezado a notarse y en 2022 por fin se legalizó en México el matrimonio entre personas del mismo sexo.

AÑO NUEVO

La Nochevieja es muy importante en México. Si bien la cuenta atrás hasta la medianoche puede ser igual aquí que en muchos otros lugares del mundo, existen diversas tradiciones y supersticiones que le dan a esta celebración un toque inconfundiblemente mexicano. Algunas de ellas tienen su origen en España, como las 12 uvas de la suerte. No se sabe a ciencia cierta cómo surgió la tradición de tomarse 12 uvas a medianoche, pero se cree que esta fruta trae buena suerte para cada mes del año que empieza. Las lentejas también tienen el mismo papel simbólico, ya que la forma similar a una moneda de esta legumbre representa supuestamente la riqueza y la abundancia. Como en muchas otras celebraciones mexicanas, la comida es un elemento esencial en Nochevieja. Esa noche se sirven grandes raciones de pozole y de tamales *(p. 86)* y se suele cenar tarde.

La Nochevieja es sobre todo una excusa para reunirse y pasarlo bien. La mayor celebración pública tiene lugar en Ciudad de México, donde se desarrolla una gran fiesta callejera en torno a la plaza principal, el Zócalo, y junto al monumento conocido como el Ángel de la Independencia. La música improvisada llena las calles de la ciudad y delante de los bares y las discotecas se forman largas colas. Cuando la gente se reúne para festejar los últimos momentos del año, siempre hay alguien que deja caer un anillo de oro en una copa de champán para brindar al grito de «¡Salud!», ya que es un símbolo de buena suerte.

Estas celebraciones muestran el firme compromiso con el que se afrontan los días venideros: la velada es una ocasión para recordar los éxitos del pasado, pero sobre todo para esperar un futuro aún mejor. Cuando el reloj marca la medianoche y los fuegos artificiales iluminan el cielo, una sensación de optimismo, fe y esperanza lo inunda todo. ¡Feliz Año Nuevo!

ÍNDICE

AGRADECIMIENTOS

DK Eyewitness quiere dar las gracias a las siguientes personas por sus contribuciones a este proyecto: Nili Blanck, Rodrigo Rivero Borrell, Shakira Campion, Fabiola Mejía, Mariana García, Sandra Irán Pradel Gutiérrez, Ramiro Maravilla, Pedro Velásquez Martínez, Amparo Rincón, Juan Diego Sandoval, Arturo Sosa, José Julio Villaseñor.

Suzanne Barbezat se enamoró de Oaxaca durante un viaje por México a finales de la década de 1990 y decidió convertirla en su casa. Desde entonces, comparte con los demás su amor por el país a través de su trabajo como escritora y guía turística. Su libro *Frida Kahlo en su casa* (2017) explora las influencias del entorno de la artista en su vida y obra.

Lauren Cocking es una escritora, editora y traductora nacida en el Reino Unido y afincada en México, que desde hace una década considera que su hogar es este país. Ha escrito sobre numerosos temas, desde la original bebida energética mexicana hasta las protestas del Día Internacional de la Mujer, pero le interesa especialmente la literatura latinoamericana escrita por mujeres. Poco a poco va haciendo realidad su sueño de visitar los 32 estados mexicanos.

Luis F Domínguez es un escritor y periodista independiente con un gran interés por los viajes, la historia y el deporte. Ha escrito para *Sports Illustrated*, Fodor's, Yahoo! y Telemundo, entre otros medios de comunicación escritos y digitales de Europa y Norteamérica.

Mike Gerrard es un escritor de viajes que también escribe sobre su otra gran pasión: los licores. Publica el sitio web *Travel Distilled* y es el autor del libro *Cask Strength: The Story of the Barrel* (2023). Vive en el sur de Arizona, cerca de la frontera con México, y ha viajado numerosas veces a este país, sobre todo para descubrir sus destilerías de tequila.

Mónica Galván nació en Tijuana, México, y creció en San Diego, California. Tras especializarse en Estudios Latinoamericanos por la Universidad de California, en Los Ángeles, estudió en México para perfeccionar su español y conocer un poco más su país de nacimiento. Entre otras cosas, ha recorrido los coloridos mercados de Oaxaca y se ha maravillado con las antiguas ruinas de Chichén Itzá.

Kana Kavon trabajó como voluntaria en un pueblo tzotzil de Chiapas a los 16 años, lo que, además de causarle una gran satisfacción, dejó una profunda huella en su vida. Tras ello, ha enseñado español durante más de una década y ha escrito varias obras, entre ellas una guía académica sobre la historia y la cultura de los afromexicanos.

Imogen Lepere es una escritora de viajes y sostenibilidad, especializada en historias sobre turismo comunitario. Se enamoró de México cuando vivía en Nayarit y lo visita regularmente para recargarse de cacao, creatividad y productos artesanos. Su libro *The Ethical Traveller* se publicó en 2022.

Óscar López es un escritor mexicano que vive en Ciudad de México, desde donde escribe para medios como *The Washington Post*, *The New York Times* y *The Guardian*. Su obra ha sido ampliamente reconocida, entre otras cosas, con una nominación a los premios Livingstone, una beca del programa Logan de no ficción y, más recientemente, una beca Radcliffe de la Universidad de Harvard.

Jennifer Fernández Solano es una escritora y editora nacida en Ciudad de México. Escribe sobre viajes, comida y cultura y se centra sobre todo en su México natal. Sus escritos han aparecido en Lonely Planet, *Condé Nast Traveller, Forbes, The Independent* y *VinePair*, entre otras publicaciones.

Carlos José Pérez Sámano es un escritor comprometido socialmente al que le encanta compartir la cultura mexicana a través de su obra. Fue nombrado el Primer Artista en Residencia en el Museo de Arqueología y Antropología de la Universidad de Pensilvania. Además, actualmente está escribiendo libretos de ópera sobre la descolonización con una perspectiva latinoamericana.

Leigh Thelmadatter llegó a México hace 20 años y se quedó fascinada. La mayor parte del tiempo lo ha dedicado a documentar la cultura y la vida mexicanas a través de publicaciones en línea como estudiosa y más tarde como escritora independiente. En 2019 publicó su libro *Mexican Cartonería: Paper, Paste and Fiesta*.

Ana Karina Zatarain es una escritora y editora mexicana. Ha escrito sobre la cultura mexicana para publicaciones como *The New Yorker, Vogue, GQ* y *PURPLE*. Ha vivido a caballo entre Estados Unidos y México y actualmente está escribiendo su primer libro de ensayos centrado en los flujos culturales entre ambos países, que está previsto que sea publicado por Knopf en 2024.

Scarlett Lindeman es una chef, investigadora y escritora radicada en Ciudad de México. Fue estudiante de doctorado en Sociología en el Centro de Posgrado de CUNY y tiene un máster en Estudio de los Alimentos. Es la chef y propietaria de los restaurantes Cicatriz y Ojo Rojo Diner.

Gerardo Mendiola Patiño es un editor de libros de turismo y divulgativos dirigidos a niños y jóvenes. Estudió Económicas en la Universidad Nacional Autónoma de México (UNAM) y actualmente reparte su tiempo entre la publicación de informes sobre el cambio climático y el senderismo.

Acerca del ilustrador:
Luis Pinto es un diseñador gráfico e ilustrador mexicano premiado, con numerosas influencias, desde las historias folclóricas hasta las novelas gráficas. Crea ilustraciones brillantes, coloridas y muy expresivas en diferentes medios y ha trabajado para *EasyJet Traveller*, Google y *Little White Lies*, además de para Don Julio Tequila y Adobe.

CRÉDITOS FOTOGRÁFICOS

La editorial quiere agradecer a las siguientes personas, instituciones y compañías el permiso para reproducir las siguientes fotografías:

(Leyenda: a-arriba; b-abajo/al pie; c-centro; f-extremo; l-izquierda; r-derecha; t-superior)

4Corners: Natalino Russo 158bl

AbeBooks: The Underdogs: A Novel Of The Mexican Revolution: Published By A Signet Classic / New American Library [1963], New York 177tr

Alamy Stock Photo: Album, David Alfaro Siqueiros, Echo of a Scream, Museum: © Museum of Modern Art, New York / © DACS 2024 165bl, Allstar Picture Library Ltd 149br, Archives du 7e Art collection, Photo 12 137tl, Jennika Argent 197tr, The Artchives, Frida Kahlo, Self-portrait with Thorn Necklace and Hummingbird © Banco de México Diego Rivera Frida Kahlo Museums Trust, Mexico, D.F./ © DACS 2024 165tr, Guy Bell, The Altar by Betsabeé Romero/ © DACS 2024 162-163tc, Judy Bellah 196bl, Marco Boldrin 20-21, Jennifer Booher 201t, Gregory Bull / Associated Press 139tr, Ruslan Bustamante 121br, Jair Cabrera / dpa / Alamy Live News 155tr, Cavan Images 60t, 215, Marcia Chambers 83tl, Diego Rivera's monumental stairway mural, National Palace, Palacio Nacional, Mexico City © Banco de México Diego Rivera Frida Kahlo Museums Trust, Mexico, D.F. / © DACS 2024 162tl, Cinematic, Anhelo Producciones 135t, Collection Christophel © Altavista Films / Zeta Film 137cl, Danita Delimont 85l, Mark Eden 170t, Richard Ellis 25t, 62-63, 98-99, 124t, 129tl, 203, Everett Collection Inc 132bl, Jon G. Fuller / VWPics 169tl, M. Garfat / MGP 112-113, Granger - Historical Picture Archive / Sor Juana Ines De La Cruz / N (1651-1695). Mexican Nun And Poet. Oil On Canvas By A Mexican Artist, C18th Century 177tl, Jeffrey Isaac Greenberg 173tr, Lindsay Lauckner Gundlock 85r, 88br, 90bl, 121tl, Christian Kober / Robert Harding 10tr, ML Harris 47, Hector Adolfo Quintanar Perez / ZUMA Press, Inc. 201b, Gardel Bertrand / Hemis.fr 129cr, Leroy Francis / Hemis.fr

128bl, Japhotos 69tr, Robert Landau 94bl, Sébastien Lecocq 159t, Holger Leue / Image Professionals GmbH 72-73, Yueqi Li 183tr, Lifestyle pictures / Espectculos Flmicos El Coyl / Pimienta Films / Esperanto Filmoj 137br, Craig Lovell / Eagle Visions Photography 88bl, 202bl, Jon Lovette 87br, Jens Lucking / Cultura Creative Ltd 148t, Ludi 146br, Luis E Salgado / ZUMA Press, Inc. 204bl, Charles Mahaux / AGF Srl 116bl, Megapress Images 66br, Mier Y Brooks / Album 143t, Hugh Mitton 115t, Juan Carlos Muñoz 121bl, Luc Novovitch 204tr, Brian Overcast 54t, Panoramic Images 53tl, Ida Pap 174-175, Alejandro Paris / Majority World CIC 30, Lynnette Peizer / Stockimo 61, Karin Pezo 110bl, Slim Plantagenate 115br, Prisma Archivo 39t, Abraham Romero B. 56c, Adriana Rosas 71r, M. Sobreira 65, David South 23t, Dave Stamboulis 88tl, TCD / Prod.DB, © Avanti Pictures - Corpulenta Producciones 134br, TCD / Prod.DB, © Peliculas Rodriguez S.A. 133t, The History Emporium 42-43, Greg Vaughn 13, Eduardo Verdugo / Associated Press 205tr, 214bl, Jim West 154bl, 213, Adam Wiseman 91r, ZUMA Press, Inc. 71tl

Apple TV+: 140tr

AWL Images: Danita Delimont Stock 19tl, 19bl, Christian Heeb 12bl, Hemis 69bl, 87tr, 106t

Ballet Folklórico de México de Amalia Hernández: 10br, 153t

Bridgeman Images: © Christie's Images 50bl, Index Fototeca Diego Rivera, The Creation of Man, page from 'Popol Vuh' (w / c on paper): © Banco de México Diego Rivera Frida Kahlo Museums Trust, Mexico, D.F./ © DACS 2024 51t

© DACS 2024: Frida Kahlo, Self-portrait with Thorn Necklace and Hummingbird © Banco de México Diego Rivera Frida Kahlo Museums Trust, Mexico, D.F. 165tr, Diego Rivera, Man at the Crossroads, fresco, Rockefeller Center, New York. © Banco de México Diego Rivera Frida Kahlo Museums Trust, Mexico, D.F. 165tl, Diego Rivera, The Creation of Man, page from 'Popol Vuh' (w / c on paper): © Banco de México Diego Rivera Frida Kahlo Museums Trust, Mexico, D.F. 51t, Diego Rivera's monumental stairway mural, National

Palace, Palacio Nacional, Mexico City © Banco de México Diego Rivera Frida Kahlo Museums Trust, Mexico, D.F. 162tl, The Altar by Betsabeé Romero 162-163tc, Rufino Tamayo, Three People, 1970. © D.R. Rufino Tamayo / Herederos / México / Fundación Olga y Rufino Tamayo, A.C./ ARS, NY and DACS, London 2024 165br, David Alfaro Siqueiros, Echo of a Scream, Museum: © Museum of Modern Art, New York 165bl

Diego & Kaito Cocina Tradicional Japonesa: 111tr

Dreamstime.com: Adalbertus 15, Belish 88cl, Costmo 87cl, Kobby Dagan 32cr, Jcfotografo 6t, 19cl, Sharon Jones 169tr, Madrugadaverde 67t, Kertu Saarits 48br, Dinorah Alejandra Arizpe Valds 16tr

Justin Foulkes: 14br

Getty Images: Gonzalo Azumendi 69br, Gale Beery 10bl, Bettmann 166-167, Cristopher Rogel Blanquet 206-207, Jose Castañares/ AFP / Stringer 70bl, Al Fenn 178bl, Marcos Ferro / Aurora Photos 19br, Fitopardo 16br, Cesar Gomez / Jam Media 155tl, Leonardo Alvarez Hernandez 179t, Sergio Mendoza Hochmann 11tl, Wolfgang Kaehler 59br, Wolfgang Kaehler / LightRocket 172bl, Keystone-France / Gamma-Keystone Diego Rivera, Man at the Crossroads, fresco, Rockefeller Center, New York. © Banco de México Diego Rivera Frida Kahlo Museums Trust, Mexico, D.F./ © DACS 2024 165tl, LMPC 137tr, Jon Lovette 26bl, Alfredo Martinez 119br, Mario Martinez 81t, Medios y Media 126tl, 126-127tc, 140tl, NurPhoto 52t, DEA / G. DAGLI ORTI 22t, Christopher Polk 130-131, Rawfile Redux 82t, Richard Ross 181t, Leopoldo Smith / Stringer 198-199, Jan Sochor 91tl, 104-105, Sexto Sol 185bl, Chip Somodevilla 75, Manuel Velasquez / Stringer 87tl, Jeremy Woodhouse 69cl

Getty Images / iStock: 185tr, Cinthia Aguilar 33tl, Alex Borderline 80t, Juan Carlos Castro 16bl, Drazen 210tr, Ferrantraite 7, 185cl, 186-187, FG Trade Latin 125tl, 191, Abel Gonzalez 49tl, Izanbar 16tl, Arturo Peña Romano Medina 69tl, Mgstudyo 16cl, MStudioImages 24bl, Chepe Nicoli 34-35, Jeremy Poland 100bl, Monica Rodriguez 109, Barna Tanko 173tl, THEPALMER 150-151

Netza Gramajo: Sak Tzevul 57r

IMCINE: Archive of the Mexican Film Institute 137bl

Mary Lagier: 31tr, 97l, 97r, 117t

Francesco Lastrucci: 11tr, 19tr, 59t, 95t, 192, 195, 211

Mathieu Richer Mamousse: 145

Johnny Miller / Unequal Scenes: 29t

Sandra Pereznieto: 183tl

RSM Design: Branding, Signage and Wayfinding: Miller Hull: Architect 77t

Shutterstock.com: Blackzheep 56bl, Luis A. Castillo 57tl, Marti Bug Catcher 216-217, Cinoq 106bl, Isabelle Clips 93, Ulises Ruiz Basurto / EPA-EFE 90tr, Natalia Esch 119bl, Gabonava 197tl, Sleepy Joe 40t, Raul Luna 209, Riiccardoperez 87bl, Arturo Verea 172cr

TelevisaUnivision: 140cl, 140bl, 140br

Unsplash: Carlos Aguilar 32bl, Alex Azabache 37, Juliana Barquero 185tl, Christian Coquet 102br, Priss Enri 110tr, Jorge Gardner 27, Zac Meadowcroft 101, Robert Penaloza 76b, Sean Quillen 103t, Jimmy Woo 33tr

Jerry Villagrana: 147t

wikiart.org: Rufino Tamayo, Tres Personajes, 1970 © D.R. Rufino Tamayo / Herederos / México / Fundación Olga y Rufino Tamayo, A.C./ ARS, NY and DACS, London 2024 / © DACS 2024 165br

Wikimedia Commons: Russ Bowling from Greenwood, SC, USA, CC BY 2.0 161tl, Gomnrz, CC BY 4.0 185br, Gzzz, CC BY-SA 4.0 121tr, Juan Carlos Fonseca Mata, CC BY-SA 4.0 160, Alejandro Linares Garcia, CC BY-SA 3.0 119tr, Miguel Angel Mandujano Contreras, CC BY-SA 4.0 196c, ProtoplasmaKid, CC BY-SA 4.0 88tr, Maritza Ros / Secretara de Cultura CDMX, CC BY 2.0 119tl

Resto de imágenes © Dorling Kindersley

Edición de proyecto Rachel Laidler
Edición Alex Pathe
Diseño de proyecto Claire Rochford
Diseño sénior Laura O'Brien
Edición sénior Zoë Rutland
Lector de sensibilidad Jan de la Rosa
Cartografía James Macdonald
Documentación fotográfica Claire Guest
Ilustración Luis Pinto
Asistencia editorial Simona Velikova
Diseño de cubierta Sarah Snelling
Diseño DTP Tanveer Zaidi
Producción sénior Jason Little
Producción Samantha Cross
Responsable editorial Hollie Teague
Edición de arte sénior Sarah Snelling, Gemma Doyle
Dirección de arte Maxine Pedliham
Dirección editorial Georgina Dee

De la edición en español
Servicios editoriales Moonbook
Traducción Pau Vidal Pons
Coordinación editorial Cristina Gómez de las Cortinas
Coordinación de proyecto Eduard Sepúlveda
Dirección editorial Elsa Vicente

Publicado originalmente en Gran Bretaña
en 2024 por Dorling Kindersley Limited
DK, One Embassy Gardens, 8 Viaduct Gardens,
London SW11 7BW, UK

Copyright © 2024 Dorling Kindersley Limited, London
Parte de Penguin Random House

Título original: ¡Viva México!
Primera edición, 2024
© Traducción en español 2024 Dorling Kindersley Limited

Todos los derechos reservados.
Queda prohibida, salvo excepción prevista en la ley,
cualquier forma de reproducción, distribución, comunicación pública y
transformación de esta obra sin contar con la autorización de los titulares de
la propiedad intelectual.

ISBN 978-0-593-95992-3

Impreso y encuadernado en China

www.dkespañol.com

MIXTO
Papel | Apoyando la
selvicultura responsable
FSC™ C018179

Este libro se ha fabricado con papel
certificado por el Forest Stewardship
Council™ como parte del compromiso
de DK hacia un futuro sostenible.
**Para más información, visite la página
www.dk.com/our-green-pledge**

Nota del editor
Los acontecimientos mundiales se suceden y las políticas y tendencias cambian o
evolucionan a gran velocidad. Se han hecho todos los esfuerzos para que este
libro sea lo más exacto y esté lo más actualizado posible a fecha de su edición,
por lo que si observa algún error u omisión, no dude en comunicárnoslo. Por
favor, escriba al correo electrónico: travelguides@dk.com